现代图书报刊 发行概论

XIANDAI
TUSHU BAOKAN
FAXING
GAILUN

王晶◎著

河海大学出版社
HOHAI UNIVERSITY PRESS

·南京·

图书在版编目（CIP）数据

现代图书报刊发行概论／王晶著．－－南京：河海大学出版社，2021.8
　ISBN 978-7-5630-6926-2

　Ⅰ．①现… Ⅱ．①王… Ⅲ．①图书发行②报刊发行 Ⅳ．①G235②G215

中国版本图书馆CIP数据核字(2021)第076415号

书　　　名	现代图书报刊发行概论
	XIANDAI TUSHU BAOKAN FAXING GAILUN
书　　　号	ISBN 978-7-5630-6926-2
责 任 编 辑	毛积孝
特 约 编 辑	胡　媛
特 约 校 对	黎　红
图 书 策 划	黄　星
装 帧 设 计	秦　强
出 版 发 行	河海大学出版社
地　　　址	南京市西康路1号（邮编：210098）
电　　　话	(025)83737852（总编室）
	(025)83722833（营销部）
经　　　销	全国新华书店
印　　　刷	三河市双峰印刷装订有限公司
开　　　本	660毫米×960毫米　1/16
印　　　张	13.25
字　　　数	168千字
版　　　次	2021年8月第1版
印　　　次	2021年8月第1次印刷
定　　　价	69.80元

▲ 目录

第一章 图书报刊发行导论 /001

第一节 绪论 /001

第二节 图书报刊发行简史 /004

第三节 图书报刊发行的基础知识 /010

第四节 图书报刊发行的组织架构及市场模型 /015

第五节 图书报刊发行的改革 /019

附 录 /025

第二章 图书报刊价格 /032

第一节 图书报刊价格确定的主要依据 /032

第二节 图书报刊的定价方法 /038

第三节 图书报刊的定价策略 /041

第四节 图书报刊价格调研 /051

第五节　图书报刊价格策划实施 /062

附　录 /067

第三章　图书报刊的编辑与出版 /073

第一节　图书报刊编辑的任务 /073

第二节　图书报刊的版面 /080

第三节　图书报刊的出版 /093

第四节　图书报刊的印刷 /098

第五节　编辑出版与发行的关系 /106

附　录 /113

第四章　图书报刊征订 /123

第一节　图书报刊发行模式 /124

第二节　图书报刊收订 /129

第三节　报刊款收缴与审核 /146

第四节　报刊分发与投递 /153

第五节　报刊发行督察与投诉处理 /164

第五章 图书报刊发行的现状与未来 /168

第一节 图书发行的现状与未来 /168

第二节 报刊发行的现状与未来 /174

第三节 数字出版物的发行现状 /180

附　录 /184

参考文献 /203

第一章　图书报刊发行导论

第一节　绪论

社会发展日新月异，各种新兴学科方兴未艾。无论是在自然科学还是社会科学领域，新的学科层出不穷，一些边缘学科更是引人注目，并获得了突破性进展。

图书报刊发行是一门充满时代活力与气息的现代商业营销学科。当中国出版物面对现代市场竞争一体化挑战的时候，对图书报刊发行课题的研究有着非常重要的现实意义。

什么是图书报刊的发行？图书报刊发行的基本概念该如何定义？

图书报刊发行是出版社、报刊社编辑的出版物印刷后，发送给读者的手段，是图书报刊工作的最后一个环节，是将图书报刊销售给读者的市场行为。由此看来，关于研究图书报刊发行规律的科学即为图书报刊发行学。它应是隶属传媒出版的分支学科。

我们所讲的发行学的基本内容，其研究主体是中国图书报刊发行销售行为，其研究范围是图书报刊从生产领域进入流通消费领域整个流转的全过程，而其具体研究内容为：

一是图书报刊发行的基本概念、性质、地位、任务、作用，以及图书发行的指导思想、理论基础等。

二是图书报刊发行史。中外图书报刊的产生起源及发行的历史与现状。

三是图书报刊发行管理学。其基本内容可概括为以下几个方面：第一，图书报刊发行的目标管理。图书报刊是带有特殊性的精神产品，发行目标应包括社会效益目标和经济效益目标，如何正确处理两个效益之间的关系是至关重要的。一般情况下，社会效益是指对社会的发展进步，对物质文明和精神文明建设两个方面产生的影响等；就文化行业而言，社会效益是指图书报刊出版发行后产生的良好社会影响，有益于社会主义物质文明和精神文明建设。而经济效益则是指图书报刊出版发行后能获得利润，为国家创造更多的财富，它与图书报刊发行量的大小密不可分，发行量大、影响力强才能有可观的经济效益。这种产品的特殊使用价值形成的社会影响力是难以用经济效益简单衡量的。经济效益目标则是一定的，如图书报刊流转额、发行投入、出版物款回收等。图书的目标管理还包括国家图书报刊发行制定的方针政策、法规和发行系统的行风、行规。第二，图书报刊发行的服务质量管理。包括图书的版面内容、设计、印刷质量、投递服务质量、投递的时效等。第三，图书报刊发行的计划管理。包括发行的规划设计、发行渠道的选择、发行网络的建设、发行队伍的建设和发行量的设立等。第四，图书报刊的销售价格管理。包括图书的定价、发行费率、促销费用等管理。第五，财务统计管理。包括图书报刊发行的财务管理制度、统计制度、发行档案管理、用户档案管理、图书报刊款管理、成本利润的换算税金交纳的管理等。第六，图书报刊进销管理。图书报刊的供应渠道、图书报刊的滞销率、图书报刊滞销处理制度等。

四是图书报刊发行营销学。其主要内容为：第一，图书报刊的市场定位。包括图书报刊的性质、图书报刊发行的领域、图书报刊市场的占领空间与开发潜力、图书报刊市场的调查与预测、图书报刊所处的政治、经济、文化、地理环境等。第二，图书报刊的读者定位。就是要弄清图书报刊读者群的职业、收入、分布等情况。第三，图书报刊的价格及发行量的目标定位。即图书报刊销售价格与报刊出版印刷成本比例的确定、图书报刊销售与发行费率比例的确定，发行总量与图书报刊社包括广告等所有收入在内的总收入之间的关系。第四，发行渠道及发行网络的定位。是自发、邮发，还是多渠道发行；是以征订为主、零售为主，还是二者兼顾；是自建网络，还是利用其他网络，包括网络销售等。第五，图书报刊的营销手段。包括发行的奖励政策、广告宣传、促销活动等。第六，图书报刊发行部门与队伍的自身建设。出版物发行部门地位偏低、缺乏人才是个普遍问题，而发行所有的工作都要由人来完成，必须尽快解决这个问题，不然图书报刊发行学研究的一切内容都无从谈起。第七，图书报刊发行基本程序不断科学化，是指对报刊营销手段进行重大改革。图书报刊发行一般要经过收订、汇总、要数、分发、运输、投送等基本工作程序。过去这些工作大都是手工操作。随着科学技术的进步与发展，图书报刊的印刷基本实现了计算机控制的自动化，包括图书报刊的分发都实现了自动控制模块。在管理业务上，收订与订单处理都由计算机处理。在发达国家，图书报刊的印刷与分发都是自动化流水作业，连售报都使用了自动售报机，这些都是图书报刊发行的发展方向。为提高时效，改变传统的车载舟楫的图书报刊发行模式，卫星传版、异地同步印刷发行已在一些报刊社实行，并进行常态化运作。

本书结合市场实际情况，主要从实用实战的角度，对出版物发行的概念和整个流程进行了描述，以期达到让业内外人士了解发行的目的。希望在不久的将来，能在高等院校新闻专业里开设如采访学、编辑学、广告学等媒介管理学内容的图书报刊发行学。

第二节 图书报刊发行简史

研究图书报刊发行学，就离不开图书报刊发行的起源与发展。在这里，我们不妨先回顾一下中国图书报刊发行的历史。

一、图书的起源

纵观人类文明发展进化的历史，图书的起源与发展在世界各个民族文化的文明发源地产生的情况不尽相同，不同的民族有着不同的发展历史。从语言形态上看，对于象形文字文明记录者而言，一般图书是随着图画与书写的诞生而逐步发展起来。中华民族祖先记事的方式最早从刀耕火种结绳记事开始，慢慢发展到刻画在陶器上的象形文、刻在龟壳上面的甲骨文，直到演化成现代意义的汉字书写。在文明进化过程中，实现了以象形文字为基础，进行书写记录、记事等，加上笔墨纸张的发明，得以更好地完成书写记事功能，最终形成了现代图书的概念。

以拉丁语系为主的语言，催生了拉丁语系文字的诞生。迄今为止发现最早的书是在5 000年前古埃及人用纸莎草纸所制的书；到了公元1世纪，希腊和罗马开始用动物的皮来记录皇室历史档案，包括国家的律法、重大历史事件等重要内容，而且以羊皮居多，这就是羊皮书的产生过程。在古代印刷术发明之前，书的制作过程非常复杂，人力物力成本都相当高，而且制作时间漫长，保存与传播起来非常不方便，这就导致了书籍在早期的传播过程中，只有极少数人才能进行阅读与收藏。

人类最初的时候是没有文字可以使用的，随着人类语言的进步，人们进化到用图画交流时期。传说，仓颉在这个时期发明了文字。从甲骨文开始，经过金文、大篆、小篆、隶书、楷书等三千年的发展，形成现在的文字。东汉以前，书基本都是用竹子和锦帛等做的，自从蔡伦改进了造纸术以后，人类就开始使用纸张制作书籍。一般意义上书籍的含义是狭义图书的概念，将图画、档案资料等排除在外。广义上的图书应该包括了一切刻有文字或图像的东西，包括具备声音、图像等现代意义的电子图书。古代书籍的概念大致可以从两个方面进行阐释：一是在书籍的内容方面，具有一定的知识性、思想性、实用性等；二是在外在形式上，书籍的制作必须考虑到方便阅读，便于携带；三是在用材上考虑书写、刻录的方便等。根据这些标准，我们不难看出，中国最早的古代书籍应该是出现于公元前8世纪周代的简册。这种简册由竹子或者木片削制而成，然后人们将文字书写、刻录在这些竹木片上，用丝绳串联成册，这样一册册的书籍就制作完毕。同时，与简册同时出现的帛书（书写在丝帛上面的文字），也是古代书籍的一种重要形式。

虽然我国从汉代开始出现纸制书籍，但因当时手工制作工艺复杂，导致产量有限，很难大规模应用，所以在很长一段时间内人们还是习惯利用竹简制作书籍。纸的发明与应用虽然出现较早，但真正用于书写和推广使用的是在蔡伦造出质地优良的"蔡侯纸"之后。直到近代，随着纸张制造水平的提高，纸质书籍才逐渐完全取代了简册。

经过了长达数千年演变，作为图书内容的知识范围扩大了，记述和表达的方法增多了，使用的物质载体和生产制作的方法发生了多次变化；因而也就产生了图书的各种类型、著作方式、载体、书籍制度以及各种生产方式。所有这些，便促使人们对图书有了较系统而明确的概念。直到当前，图书仍有广义和狭义之分。在实际生活中，我们常常会遇到这样一些有趣的现象：对于"图书馆""图书情报工作"等概念来说，"图书"是广义的，泛指各种类型的读物，既包括甲骨文、金石拓片、手抄卷轴，又包括当代出版的书刊、报纸，甚至包括声像资料、缩微胶片（卷）及机读目录等新技术产品；而在图书馆和情报所的实际工作中，人们又要把图书同期刊、报纸、科技报告、技术标准、视听资料、缩微制品等既相提并论，又有所区别。在前者与后者有所区别的时候，图书所包括的范围就大大缩小了，这是狭义的"图书"概念。从竹木简牍到当代的各类图书，不管其形式和内容如何变化，只要认真地加以考察和分析，就可以看出书籍的概念一般都具有下面这样几个要素：一是要有被传播的知识信息；二是要有记录知识的文字、图像信号；三是要有记载文字、图像信号的物质载体；四是在图书的生产技术和工艺上具备产生图书的基本条件。相比较而言，图书的内容比较系统、全面、成熟、可靠；在出版周期上则比较长，传递信息速度较慢。总体来看，图书是人类文明传播的最重要载体。

随着社会的发展与进步，图书的内容与种类越来越多。在进入信息时代后，图书的种类更加日新月异。

二、报刊发行的起源

中国历史上，唐代的官报是通过政府设置的邮驿（包括陆驿和水驿）传递，报纸刊期并不固定，有旬刊、五日刊等，明代以后逐步固定为日刊。这种报纸只在封建统治机构内部发行，读者对象是分封在各地的皇族、政府官吏和封建士大夫。到了宋代，民间出现了一种新闻性比较强的非官方小报，私相传售，政府屡禁不止。明神宗万历年间，皇帝下诏令允许民间自设报房，翻印邸报公开发售。到了明思宗十一年（1638）就有了木质或泥活字印刷，此期间开设报房出版报纸送卖已成为一种公开的职业，这是中国私营报纸的开端。北京有个叫何光烨的人，就以送报为业，他是中国历史上最早有姓名可查的职业发行人。

清代《京报》在外省的发行，原由塘兵负责沿途递转，但传递速度太慢，到达江浙等省往往要三四个月。后来有人在北京郊区良乡设立信局，《京报》出版后由良乡信局雇人传递。《京报》改为铅印以后，北京外的南京、江陵（今湖北荆州地区）、苏州、杭州都设有报房，以出版、派送报纸为主要业务，还有一些报房兼营邮政、印刷等业务，仅北京就有聚兴、聚升、同顺等十多家，大都集中在前门大街周围的一些胡同里，加上外地的报房，全国约有200处。报房的发行方式是分开叫卖并接受订阅。各家报房雇用报夫按划分的区域送报，速度很慢，城内订户有相当一部分看不到当天报纸。报纸的发行收入由报房与报社大体按三七比例分账。

西方近代营业性报纸的发行，开始是采用在书店出售的方法。1622年，英国人N.巴特尔在伦敦发行《每周新闻》，第一次采用雇人到街上叫卖的方法。1704年，北美一些地区开始通过邮局邮寄报纸。当时著名出版人J.坎贝尔所发行的报纸差不多全用邮寄。有些边远地区邮局不能送报，他就专雇骑师骑马运送。1754年就出现了雇用报童把报纸直接送到订户家里的发行方式。

中国近代的报纸最早是由外国人在中国境内出版发行。1858年，香港出版了中文晚报《中外新报》，最高发行量达1万多份。其他如《华字日报》《上海新报》《沪报》《申报》《新闻报》《时报》等，都是外国人在中国境内办的报纸。清末民初的报刊发行大体有以下方式：（1）报社本身有一套发行机构和人员，负责办理该报本埠读者的直接订阅，同时办理一部分零售和批发业务。批发对象绝大部分是私营报社，本埠订户由报社雇用送报员投送，外埠订户通过邮局按新闻纸邮寄。（2）报社只管理本埠及外埠的批发机构，不办理接受订户的具体发行业务。（3）报社不设发行机构，全部由私营报社包销。从以上3种情况看，报刊的发行机构基本上掌握在私营报社手中。

民国初年（1912），北京的一些报馆在西琉璃厂南柳巷永兴寺内联合开办了一个报纸发行市场，打破了原有10多家报房的垄断。市场通过报贩层层批发零售，有的直接投送订户，有的设摊零售，有的走街串巷叫卖。当时报刊的发行范围仅限于大城市及铁路沿线的城镇。这种发行体制一直延续到中华人民共和国成立。

中华人民共和国成立前革命根据地出版的报纸，其发行方式主要是通过赤色邮政（交通局）传递。于1939年1月1日由山东抗日民主根据地创刊的《大众日报》，从1943年开始便由山东战地邮局承担发行工作。中华人民共和国成立后，从1950年3月起，全国各地出版的报纸先后交当地邮局总发行。

二十世纪八十年代，世界各国的报纸发行体制大体可分为两大类：欧美、日本及大多数第三世界国家都由各报社自行组织报纸的发行；中国、苏联和东欧国家则实行"邮发合一"体制，由邮政部门负责报纸的发行工作。所谓报刊"邮发合一"是指由邮政部门承担报纸、杂志的发行业务，是计划经济体制下中国报刊发行工作的主要形式。

但随着中国社会主义市场经济体制的确立，中国报业只管办报不管发行的做法显然已不适应时代发展的需要了。各家报社按市场法则探索多功能渠道发行的局面如雨后春笋般涌现。从1985年《洛阳日报》退出"邮发"自己办发行开始，"邮发"与"自发"在经历一个磨合期后，多渠道自主发行的模式越来越得到大家的认可。

目前，不管报刊采取什么发行方式，发行工作已成为每家报刊社所关注的热点与难点。有人把发行说成是报业发展的"龙头""中坚"等，这无不说明发行已成为报刊社乃至整个社会所关注研究的一个课题。

第三节　图书报刊发行的基础知识

图书报刊是指图书、报纸与杂志的简称。发行是指把已经印刷出版的图书、报纸、杂志通过各种渠道和方法，快速地分发、投递、销售的过程。销售的对象是社会各个阶层的广大读者。

一、图书报刊的出版机构与形式

图书、报纸与杂志都是按照计划定期出版的读物，在出版形式、内容、刊期、时效等方面是有区别的。按照中华人民共和国《出版管理条例》的有关规定，报纸、期刊、图书、音像制品和电子出版物等应当由出版单位出版。法人出版报纸、期刊，不设立报社、期刊社，其设立的报纸编辑部、期刊编辑部视为出版单位。

设立出版单位，应当具备以下条件：

有出版单位的名称、章程；有符合国务院出版行政主管部门认定的主办单位及其主管机关；有确定的业务范围；有30万元以上的注册资本和固定的工作场所；有适应业务范围需要的组织机构和符合国家规定的资格条件的编辑出版专业人员；法律、行政法规规定的其他条件等。同时还规定申请设立出版社、报社、期刊社或者报纸编辑部、期刊编辑部的，申请书应当载明报纸或者期刊的名称、刊期、开版或者开本、印刷场所。

图书的出版发行方式在经过逐步的演变以后,现在主要以纸质印刷装订成册为主要形式,以册为单元,又分部、卷等。公开发行的图书需要出版社出版,并按照规定申请一次性专用书号。

报刊和杂志在形式上的区别是:报纸按开张印刷,一般不装订成册;杂志则是装订成册的。在内容上的区别是:报纸是新闻纸,主要登载国内外的新闻消息和通讯;担负着党和政府的政策、方针、法规等宣传任务;反映人民群众的意见和要求,学术论文和文艺作品则居于次要地位,或者编为副刊。而杂志则依其性质,主要刊登政治时事评论、科学技术成果、专业论文、文艺作品及其他文化成果等。在刊期方面的区别是:报纸出版频次多,如日报每天都要出版,也有周报、旬报等;杂志相对出版的频次要少得多,分为周刊、半月刊、月刊、季刊等。

二、报刊的类别与刊号

(一)按照发行范围和归属分类

1. 中央级报刊。是由党中央、国务院各部委和全国性群众性团体创办的报刊,其发行范围一般是面向全国或行业的。比如《人民日报》是中共中央机关报,是面向全社会发行的。

2. 在省、市、自治区范围内发行的报刊。比如《北京日报》是北京市委的机关报,面向北京发行。

3. 地市级发行的报刊,比如《青岛日报》《厦门文学》等。

4. 县级报刊。比如《平度大众》等。

5. 有的报刊发行范围是面向国外的，比如《中国日报》《人民日报海外版》等。

（二）按照出版单位归属和报刊市场定位分类

1. 党报党刊。比如《人民日报》《求是》《北京日报》等。

2. 群众团体机关报刊。比如《中国青年报》《工人日报》《中国妇女报》等。

3. 专业类报刊。比如《中国体育报》《中国环境报》《中国林业》等。

4. 生活类报刊。比如《北京晚报》《京华时报》《时尚》等。

5. 文化教育艺术类报刊。比如《中国电视报》《中国教育报》《音乐报》《人民文学》《诗刊》等。

6. 科学技术类报刊。比如《中国科技报》《计算机报》《地质科学》《无线电》等。

7. 财经类报刊。如《经济日报》《经济研究》等。

8. 学报类。如《北京大学学报》等。

（三）国内统一刊号

刊号是由国家行政部门审批确定公开发行，代表报刊名称的一组数字代码。国内统一刊号以中国国别代码"CN"为识别标志，由报刊登记号和分类号两部分组成，前者为国内统一刊号的主体，后者为补充部分。

统一刊号不仅能代表报刊名称，还有利于经营与管理，便于提高工作效率。中国《出版管理条例》规定，出版单位不得向任何单位或个人出售或者以其他形式转让本单位的名称、书号、刊号或者版号、版面，并不得出租本单位的名称、刊号。

三、报刊发行常用业务术语

在图书报刊发行业务中有许多专用术语，现将一些常用的业务术语加以介绍。

1. 发行费与发行费率。用于图书报刊发行环节的费用称为发行费。发行费与图书报刊定价的比率称为发行费率。

2. 订销。是图书报刊订阅和零售的简称。订阅简称为"订"，零售简称为"销"。办理订阅和零售业务，简称为订销业务。

3. 内部发行与公开发行。具有内部刊号的报刊，只限于在行业等一定范围内订阅，不能在社会上公开发行，称为内部发行；凡是有国内统一刊号的报刊，可以面向社会公开发行，称为公开发行。公开发行的图书必须是出版社出版、具有法定书号；不公开发行的一般为内部资料、用于赠阅等。

4. 报刊目录索引。为了能尽快在收订报刊目录上找到某些报刊，把报刊按类别或刊号排列起来，编成索引，称为报刊目录索引。

5. 期发数与年平均发行量。期发数是指报刊某一期发行的份数，包括订阅和零售份数。年平均发行量是指年发行期数的总和除以出版期数所得出的平均发行量。

6. 报刊流转额。由于报刊在订阅、零售过程中报刊款在生产过程中不停地流动，以一定的时间为周期循环使用，所以把不断流动的报刊款额称为流转额。

7. 路单。按车次路段发运报刊时，在交接过程中的凭证。

8. 脱期。报刊不能按规定的日期时间出版,先后延迟出版时间称为脱期。

9. 创刊。一种新报刊出版称为创刊,其第一期通称为创刊号。

10. 休刊。报刊因故暂停出版一期或几期称为休刊。

11. 停刊。正在发行的报刊因故停办,称为停刊。

12. 复刊。曾停止出版的报刊又恢复出版称为复刊。

13. 增刊加版。在报刊正常出版期数之外,又增加出版的期数叫增刊。报刊不增加期数而增加版数称为加版。

14. 开本、开张。报刊版面的大小是按一整张报纸的开数来区别的。如《人民日报》的版面是对开张,《参考消息》的版面是四开张。杂志称为开本,如《求是》杂志为16开本,《半月谈》为32开本。

15. 批零差价。报刊零售过程中批发与零售商之间的价格差称为批零差价。

16. 订单。报刊在订阅过程中向读者或单位开具的订销凭证。订单可分收据与发票两种。

17. 码洋与实洋。码洋是图书出版发行部门用于指全部图书定价总额的词语。书刊的每一本上面都列有由阿拉伯数字(码)和钱的单位(洋)构成的定价,相乘得定价总额叫码洋。实洋是发行部门向出版社进货时,有一定比例的折扣,按码洋打了折扣后的金额。实洋是发行部门计算损益的前提和基础。销售码洋(销售收入)减去销售折扣,等于销售实洋(销售净收入),再减去销售成本、销售税金、销售费用,等于销售利润或亏损。出版社与发行部门之间、发行部门相互之间进行图书交易的价值偿付,均用实洋结算书款,即采取折扣的办法。

发行部门内部的业务活动和财务会计，均采用码洋核算和记账。这样做可以使发行部门内部统计、会计、业务核算和计划资料相一致，便于对比分析，研究掌握图书购销业务活动和加强经营管理。

第四节　图书报刊发行的组织架构及市场模型

一、图书报刊发行的组织架构

图书报刊杂志发行的源头是出版社、报刊社或报刊集团下属的发行部门。在出版社、报刊社里，大都设有发行部或发行中心，专门负责本报刊的发售业务。近年来，随着图书报刊发行市场的需求，一些出版社报刊社在集团化后，又相继成立了专业的图书、报刊杂志发行公司。

出版社、报刊社的发行中心或公司又下设若干部门管理具体事务。一般设立的职能部门是：办公室（负责文秘、人事档案管理、行政事务等）、财务部（负责款项的收缴、图书报刊发行的成本核算、公司的日常财务管理等）、统计部（负责图书报刊的数量统计、读者档案建立、市场分析与调查等）、征订部（负责图书报刊的订阅等业务）、零售部（负责图书报刊的零售、批发、分送等业务）、督察部（负责对报刊印刷质量、出版时效、报款回收、服务质量等进行考核监督）、公关策划部（负责图书报刊征订、零售活动的策划营销、企业形象设计及对外公关等）。同时，还可以根据发行的具体情况设立其他部门。

在销售体系上，一般划分为：图书报刊零售网、征订投递网、运输网、便利店专卖网和电子商务网。前三者是网络的基础，后二者则是外延和发展。前者为后者的建设和发展提供了基础，后者则发挥前者的潜力，并丰富了前者的服务功能，并且它的发展也将为前者提供强有力的物质支持。

图书报刊零售网：由图书报刊直属批发站，零售指令摊点、代销点等组成，开展图书报刊直送直销业务。在直属批发站的组织协调下，进一步控制掌握图书报刊零售的末梢市场。这个网络从根本上解决了长期以来报社受制于社会网点的弊端，并能把竞争机制引入末梢市场，使图书报刊销售渠道更加畅通。

征订投递网：负责图书报刊的征订、投递，以及其他一些如广告夹带、送水送奶等为读者直接上门服务的业务。这一网络从根本上解决了电子商务落地的问题，开发出一个强大的读者（消费者）群，储存了一笔珍贵的信息资源。

运输网：也可以叫物流配送网。负责图书报刊从出版现场到批发站点的运输叫作一次配送，图书报刊的二次配送，也就是发挥车辆优势和利用闲置时间，为社会客户提供物流服务。比如开展搬家服务、短途运输等业务。

便利店专卖网：本着公司自主开发以及社会自愿加入的原则，靠输出品牌与管理开设便民服务点。便利店实行统一标识、统一店饰、统一服务内容及标准，充分发挥报纸及发行公司的品牌优势，除了专营报纸外，开拓多元化的为读者服务的空间。随着城市建设的规范化、现代化进程的推进，马路摊点的图书报刊销售将越来越难，这种办法是解决图书报刊销售退路进店的有效办法。在发达国家,比如日本等,专场制已成为图书报刊销售的主渠道。

电子商务网:就是利用现有的电子网络,开设电子商务平台,结合投递网服务直达用户及运输网优势,为用户真正提供网上购物、直送到家等现代化的电子商务服务。

二、图书报刊发行的渠道

图书发行的传统渠道主要以新华书店为主,自上而下的新华书店形成的图书销售网络,一般称为第一渠道;以改革开放以来形成的书商、民营书店等形成的发行网络,一般称为第二渠道;以互联网为主导的网络发行正在成为新兴的市场混合发行渠道。

长期以来,我国的报刊发行大多都是由邮政部门的报刊发行系统承担的。1985年,为解决发行费率过高,发行时效太慢等问题,河南省的《洛阳日报》冲破传统观念,在全国率先实行自办发行,打破了邮政发行一统天下的格局,显示出了自办发行的优越性,并随之被全国许多城市的报纸仿效,目前自办发行的报纸已达800余家。在后来的报刊市场上,已出现了以社会力量为代表的"第三渠道",即私人报商形成的发行渠道。

邮政部门的报刊发行业务实行集中领导、分级管理,即实行邮政总局报刊发行局、省(市、区)邮政局报刊发行局、市(县)邮政局报刊发行科三级管理。就业务功能来讲,分为订销局、省管局和发报刊局。全部生产过程都是这三者联合作业共同完成的。

订销局负责办理报刊订阅和凭结业务;负责组织所属分支机构办理报刊

的宣传、收订、零售、批销和传递工作，以及向省、市、区管理局的订单处理单位要数和缴款。

省管局是省、市、自治区邮政局的简称。其主要报刊业务是办理全省报刊的汇总要数，向发报刊局寄发全省的汇总订单，办理报刊款结算业务。

发报刊局和报刊社签订邮发合同，接办报刊发行的邮政局，也是报刊发行的货源局。它的主要业务有：与报刊社签订邮发合同，并把报刊的出版情况上报省管局；办理全国汇总要数，向报刊社通知印刷份数；向全国各订销局分发、运送报刊；向省、市和发报刊局办理结算等。

邮政局报刊发行系统的优点是"点分线长、面广"，全统全网。弊端是体系庞大，反应较慢，单方限制太多，一般不允许报刊社多渠道发行。

三、图书报刊市场销售模型

图书报刊的订销的最终消费者是读者或图书馆订阅的图书资料报刊。

订阅的图书报刊由新华书店、出版社、报刊社的发行队伍或邮政局报刊发行人员等负责收缴用户的图书报刊款，然后投递上门，服务到户。

零售的图书报刊通过书店、报亭、报摊、专卖店等各种渠道直接销售到读者手中。

第五节　图书报刊发行的改革

一、突破新华书店"包订不包销"、邮政部门"邮发合一"的体制

新华书店"邮发一统天下"的格局被打破，是社会主义市场经济条件下，图书报刊市场逐步发育成熟的表现，是图书报刊发行走向市场的必然结果。在计划经济时期，出版社、报刊社是文化事业单位，经费主要依靠国家财政拨款。自1978年出版社、报社实行"事业单位企业化"管理的经营方针后，出版社、报刊社逐步与政府"断奶"，走上了自收自支、自负盈亏、自我发展的企业化经营之路，报业逐步走向了市场，发展为新兴的文化产业。特别是报刊的生存方式发生了变化，读者的选择成为报刊生存的决定性因素，广告收入成为报刊的经济基础。报刊发行在报业经济运行中的地位日渐重要。

在这样的历史背景下，出版界同仁认识到图书报刊的生存发展必须摆脱传统观念和旧体制的束缚，探索图书报刊发行方式的改革，新华书店"包订不包销""邮发合一"的体制与图书报刊企业化经营和产业化发展需要的矛盾日显突出。出版社、报刊社必须把报纸生产和销售的经营自主权收回到自己手中。图书报刊发行开辟第二渠道，实现多种方式经营势在必行。由此带来的图书报刊自主发行这一新生事物之所以迅速发展，就在于自主权的回归。

事实上，在计划经济时期，出版社的图书发行交给新华书店，报刊的发行交给邮政系统全权负责。对于图书报刊发多发少、发到什么范围、发给哪些人看等一些情况，出版社、报刊社只管编辑出版，具体情况是不清楚的。

出版社与新华书店尽管是一个大的系统，但是发多发少、图书的质量、畅销程度等并没有与发行渠道建立责任关系，所以导致了新华书店大渠道、"大锅饭"的现象，出版与发行的矛盾越来越突出。尤其在图书报刊发行费率和发行时效上，出版社、报刊社与新华书店、邮政发行部门虽然存在很大分歧。特别是报刊社在邮政部门面前很少有发言权，基本上是邮政发行部门制订出单方合同，报刊社只管签字，几乎没有商量的余地。在这种情况下，1985年《洛阳日报》在全国首创报纸自办发行，标志着"邮发一统天下"的格局已不复存在。

二、多渠道发行方兴未艾

随着民营书店、书商的发展，出版社图书发行的第二渠道开始发挥重要的市场作用，一些出版社得到长足发展，一大批好书、热销书极大地满足了市场读者的诉求。

在报刊方面，当"邮发一统天下"的局面改变后，许多报刊社走上了自主发行之路。自主发行的概念是报刊社自己组织发行队伍，邮政系统则不再参与报刊的发行。这种状况形成了报刊社自办发行与邮政发行各干各的局面。从自办发行开始到现在大致经历了三个过程：

1. 1986年～1989年的探索创业阶段。许多报社勇于探索，冲破思想禁锢，改革发行体制，实行自办发行。1989年部分地市报社相继召开城市报纸自办发行座谈会，全国一些报社介绍了创办自办发行经验，统一了认识，肯定了方向，总结了自办发行初创阶段的做法和经验。

2.1990年～1994年的开拓发展阶段。全国许多报社为适应市场经济形势，加快改革、发展步伐，以自办发行为主导的多渠道的发行迅速发展。以山东省为例，全省17个地市党委机关报中有15家报社、22种报纸和20多种专业报实行自办发行，成功地摸索出一条以自主发行为主导的多渠道发行模式，使报纸发行量上升，投递时效加快，发行质量提高，发行费率降低，深受读者欢迎。

3.1995年～2000年的巩固提高、稳步进取阶段。各报社认真总结取得的经验，组织学习中共中央政治局委员李瑞环同志对新闻出版署关于对《吉林日报》《天津日报》自办发行情况的调查报告"送阅件"作出的"总结经验，巩固提高"的批示，加大改革经营管理，加强发行队伍建设的力度。

在经历了以上三个阶段后，一些报刊社开始实行自主多渠道发行，推动了发行方式的结构调整。随着自办发行的发展，报业经营潜力被进一步激活，各报社勇于创新，不固守单一的"自发"不变，不断探索自办发行主导下的灵活多样的发行新路子，从有利于扩大报纸发行量，有利于提高发行质量，有利于读者，有利于降低发行费率，增收节支入手调整发行方式。经过多年的实践，适合各地实际的多种发行方式并存的自主发行新格局逐步形成。所谓多渠道自主发行，一是一张报纸既自发又邮发，在城市自发，在边远农村邮发；二是一家报社多种报纸，组建多种渠道或多元化合作的发行投递公司，有的自发，有的邮发，有的委托有关单位代发，有的报邮联合发行，有的报社和宣传部门负责收订，邮政局投递。实行多渠道发行是一种"以我为主，为我所用"的发行方式，对报纸发行的畅通、扩大覆盖面、扩大社会就业发挥了重要作用，促进了报业经济发展和报刊市场的繁荣。

三、图书报刊发行的产业化进程

由于图书发行的周期较长、渠道涉及面较窄，所以大部分出版社没有建立自己的发行队伍，主要依靠原有的新华书店、市场上的书商以及网络进行销售，促进了市场第二渠道的大力发展，形成了比较稳定的格局。

相对于图书的发行，报刊的发行在发行时效、渠道建立等方面，都面临着各种压力。

在竞争愈演愈烈的市场情况下，必须发挥报刊的品牌优势，围绕报刊的销售迅速建立健全稳定的自主销售网络，以报刊发行网络为基础形成自己的核心竞争力，抢占市场的制高点，掌握竞争的主动权，不惜人力、财力和物力，全面推动自主发行网络的建设。

由于多渠道发行体制、网络已初具规模，使得发行向产业化发展成为可能。在发展中有网络的报社，不仅突破了单一发行和代发报刊的传统做法，而且根据各自的实际，积极开展多种经营、代发图书报刊、物流配送、营销商品等业务，向着多元化方向发展，加大投入，提高发行队伍素质，改善工作条件和从业人员待遇，增加发行工作的科技含量，经营管理水平明显提高。

同时，在报刊发行工作中，还存在不可忽视的缺点和问题：一是有些报刊社对报刊发行经营管理的机制不健全，没有按现代企业化管理要求建立运行机制；二是有些报刊社由于经济困难，对发行网络设置、交通工具等设施投入较少，对边远地区、末梢投递报刊速度较慢，读者有意见；三是近年来有些报社对报刊发行市场萎缩的现实缺乏调查研究，发行策略和手段跟不上市场经济发展的需要，对在新形势下办好报刊的同时，努力搞好发行的紧迫性认识不足，没有全面、全方位抓发行，没有全年营销观念；四是许多报刊发行队伍素质不高，高层次的发行人员少，尤其缺乏市场营销人才，不适应广大读者对报刊发行的要求。

四、图书报刊发行面临的挑战

随着科学技术的发展和人类文明的不断进步，人们的生活方式也呈现出多元化发展趋势。由于经济发展逐步向世界一体化发展，人们对政治、经济、文化的需要与了解也必然向多元化态势发展。由此而导致受众信息的需求亦会显现出分层、多样和个性化的局面。

正是由于这些原因，传媒的形式也逐渐增多。报刊、广播、电视、通讯社、互联网等多种形式的传播方式，以不同的特点影响、争夺着自己的受众。特别是网络媒体的日益发展，已经对传统出版物形成了极大挑战。据统计，中国报纸总数为2160余种、通讯社2家、杂志7900多种、广播电台1200多座、电视台980多座、有线电视台1200多座。与改革开放前比较，报纸增长了10倍，电视台增长了29倍。全国新闻工作从业人员增加到50万人。尤其是近年互联网的出现，使网络新闻已在现代社会中占有一席之地，并对传统新闻媒体形成越来越大的冲击。就其经营而言，网络是21世纪的朝阳产业，其传播上的优势使得网络新闻媒体一跃成为新闻传播业争夺的制高点。据统计数据表明，我国互联网仅 2001 年就新增用户 106 万户，总数达到 1 591 万户。另外，从 2002 年 2 月 1 日起开始实施的中国《出版管理条例》第三十九条规定："国家允许设立从事图书、报纸、期刊、电子出版物发行业务的中外合资经营企业、中外合作经营企业、外资企业。"并承诺在加入 WTO 后的一至五年内实施。这种状况，也给中国报刊未来的发行提出了新的课题与挑战。

近万种报刊竞相争夺读者，引发了愈演愈烈的报刊发行大战。竞争势态的加剧必然导致报刊发行的难度增加。

从当前的情况看，我国的出版界、报刊界的格局已经发生很大变化。由于电子出版物的蓬勃发展，以及流媒体的快速增长，人们对于纸质出版物、纸质媒体的依赖度大大降低。一些报刊社经济效益下滑，甚至入不敷出，出现倒闭的现象。

出版社、报刊社及图书报刊发行的经营决策者，必须在新的形势下不断求新求变。在迎接新的挑战，加强经营体制改革，健全内部管理机制，激发活力的同时，提高发行的科学技术知识含量。过去那种粗放的、原始的肩扛人抬的发行模式显然已经严重落后于时代。

在今后的发展中，出版社、报刊社如何在结合传统优势的同时，利用互联网的优势进行传播与营销，培育出新的市场，是刻不容缓的任务。在出版编辑发行营销队伍的建设上，需要进行提前布局，提高队伍素质，改变发行队伍的结构，掀起以技术革命与资本运营革命为内容的创业新浪潮。

附录

一、背景资料

（一）中国新闻出版事业的现状

改革开放20多年来，我国新闻出版事业取得了显著进步。2001年我国出版图书15万种，总印数63亿册，分别是1978年的10倍和2倍；出版报纸2 007种，总印数329亿份，分别是1978年的11倍和2.5亿倍；出版期刊8 725种，总印数29亿册，分别是1978年的9倍和3.8倍；全国新闻出版系统总资产达1 362.53亿元，销售收入1 536.8亿元，利润总额110.75亿元。

（二）美国的传媒状况

美国的大众传播事业始于1833年纽约《太阳报》的创刊。随着19世纪后期爆发的工业革命为美国社会带来了翻天覆地的变化，到1910年，美国普遍发行的英文报纸有2 200余种，报纸出版数达到了历史最高水平。出版日报的城市为509个，占42.2%。"一城一报"已初步形成。到1970年，美国有日报1 700余种，出版日报的城市1 500余个，其中出版独家日报的城市近1 400个，"一城一报"率已达88%。直到20世纪初，杂志在美国大众传播中仍然占主导地位。1920年电台问世，之后很快发展起了覆盖全国的广播网，但没有真正威胁到杂志的全国性权威地位。目前，美国拥有11 000多个电台。

19世纪40年代，电视在美国诞生，19世纪50年代有了很大的发展。由于电视的声、像、文字等主体优势，开始直接影响大众化期刊的发展，读者慢慢转向购买提供专门信息的杂志。在以后20余年的时间里，电视的广告收入就占了全国性广告费的50%以上。

1990年代中期，信息技术的发展使网络在美国得到了发展，由于网络具有信息传播的双向交互和个人化特点，加上多媒体合一，信息量大、传播快捷等，使得美国大小传媒都争相上网，掀起了大众传媒的第三次浪潮。

值得注意的是，报业的发展虽然受到一定影响，但没有根本性变化。版面的卫星传送技术和异地同步印刷也没有改变美国报业的"一城一报"格局。

二、经典案例

《齐鲁晚报》的多渠道自主发行模式。

《齐鲁晚报》是大众报业集团主办的一份生活类报纸。1988年1月1日创刊。在创刊之后经历了自办、邮发、再自办的发行之路后，最终确立了按市场法则自主发行的模式，并提出了"抓宣传、促发行、带广告"的战略性口号，从而把"发行"作为报业发展必不可少的一个中坚环节，置于战略性的地位确立下来。

自主发行的模式不同于自办发行。由于种种原因，导致了在计划经济体制下出现了"邮发一统天下"的局面。但随着我国近年来社会主义市场经济条件的不断成熟，中国的报刊市场正逐步形成，并出现了市场初期比较粗放的"报刊发行大战"现象。在这种形势下，一些报刊纷纷打出了自办发行的牌子，与合作了多年的邮政发行系统分道扬镳。

分歧的焦点：一是邮局要的发行费率太高，报社难以接受或无法承受；二是由于邮局系统吃的是"大锅饭"，发投质量，尤其是发投时效难以保证；三是面对业内的群雄争霸及电视新闻、信息、文化等大覆盖面、多频道的视觉冲击，报业在脱离财政补贴"断奶"后面临生死存亡，"只办报，不卖报"的思想观念已荡然无存。而邮局呢？则无动于衷。以不变而应万变，面对报刊社的积极动作而泰然处之，并发出一纸号令：凡是邮发的报刊，不能进入自办发行渠道，凡是自办发行的报刊邮局一律不再进行邮发。这无异于把自办发行的报刊社逼上了背水一战的绝路。

据统计，当时全国2 000多种报纸中自办发行的报纸最多有220多家，应该说这些报刊社的自办之路对于邮局的报刊发行业务来说是个不小的冲击。但邮局也很自信：相信用不了很久，这些报刊社会因为坚持不下去而再次回到邮发系统的大家庭中。

然而，10年过去了，从自办发行风刮起的二十世纪八十年代末到目前为止，自办发行的报刊社已越来越多，但确实也有部分报刊重新回到了邮发的渠道。

值得注意的是，从发行的实质看，有些报刊社再次走邮发的渠道，而不是简单地走老路子了：一是发行费率明显地在原来邮发的时候低了；二是在发行体制上发生了根本性变化。从《齐鲁晚报》的发行看，这种变化表现得更为突出。

在《齐鲁晚报》与邮局再次携手合作前，其发行的状况是比较复杂的。《齐鲁晚报》在经过七八年的发展后各方面都比较成熟了，这期间《齐鲁晚报》提出了三个一流的口号，即"报纸的宣传质量一流、发行一流、广告经营一流"。为实现这一目标，《齐鲁晚报》实施的是名牌发展战略并交叉实施外埠延伸战略。也就是说，《齐鲁晚报》作为山东的一份省级晚报，其发行总量及分布领域份额要与其省报的位置相符。延伸或"衍生"就是在立足山东的同时，走向全国，面向全世界。客观地讲，在目前中国报刊市场还没有形成第二个全统全网的全国发行渠道时，要实现这一飞跃，离开邮发系统是很难办到的。《齐鲁晚报》在创刊地济南的发行量是很可观的，但再想向外延伸，其难度有二：一是车载舟楫的传统运输方式造成的发报时效差，使其在到达目的地后失去了与当地媒体竞争的优势；二是由于目前的报刊市场基本处于无序竞争状态，媒体自办的发行网络基本是排他性的、地域性的，以自我服务为主的，就像企业自我开办的专卖性连锁店，是自产自销的简单经营方略。所以，《齐鲁晚报》在各地的发行靠这些自办网络显然难以达到有效的目的。因为地方报普遍认为晚报的性质及其比较好的办报质量从某种程度上对于地方性报纸而言是个很大的竞争对手。虽然发一些有利益，但发多了就会冲击自己的市场。为此，在一些地方曾出现过要订《齐鲁晚报》前先订地方报或干脆把订阅《齐鲁晚报》款挪换到地方性报纸上去的现象。更让人不能接受的是，有的地方性报纸发行网络不但排斥拒发其他报纸，连零售点也想办法控制住，不让其发行其他有竞争力的报刊。

也就是说，报纸自办发行在一定的区域特别是作为地市报在市区的发投不成问题，但要延伸到各个角落就很困难。作为省报或中央级报刊要想自办发行其难度就可想而知了。

在这种状况下，《齐鲁晚报》确立了新的发行方针：一是建点设站利用异地传版设印点，减少发投环节，在全省重要地市与省会总部同步印发报纸，直接进入市场，利用晚报零售优势扩大市场份额。为了探索出一条切合实际的外埠发展之路，《齐鲁晚报》并没有像一些报社一样在开设了印点之后，交给别人就不管了，而是按照寻找开辟报业新的经济增长点的思路在各地市设立分部或记者站，实行宣传、发行、广告经营三位一体的管理模式，去实施"抓宣传、促发行、带广告"的战略目标。

1993年8月，《齐鲁晚报》在青岛开设了第一个印点，随后设立了青岛分部。在此之前，《齐鲁晚报》在青岛的发行量不过几份，年广告额不过一万元，新闻稿件也很少，谈不上什么社会知名度。但就在印点开设后不到三个月的时间里，《齐鲁晚报》在青岛的零售量竟一举突破了二万份。在青岛地区的广告收入已大幅度上升，青岛地区见报的新闻稿一年也有500多条，《齐鲁晚报》在青岛地区的社会知名度大大提高了。至此，报业设立外埠机构想得到的综合效益都明显地出现了好的势头。

随之，《齐鲁晚报》先后在山东的济宁、临沂、泰安、潍坊、滨州、枣庄、淄博、聊城、德州、烟台、东营、日照、威海、菏泽，外省的沈阳、北京等地先后开辟了印点，并按照青岛分部的管理模式去开展工作，在发展自己发行队伍的同时，调动一切可以调动的因素和可经利用的发行渠道，开发市场，使晚报的发行量再度攀升。在这一阶段，《齐鲁晚报》的发行局面已出现了根本性转变。从发行队伍到发行的覆盖面及结构上都更加完善了。在省城济南，除了《齐鲁晚报》本身控制着一支较大的零售队伍外，济南市的有关部门也从上至下形成了一个发投网络，专门开展《齐鲁晚报》的发行工作。在外埠的各个地市，发行则更加多元化。除各站有《齐鲁晚报》自己的发行队伍、发行网络外，各地的报纸自办发行渠道、大系统、大单位、大企业、街道、下岗职工等组成的发行队伍使《齐鲁晚报》完全以市场的手段进入千家万户。在日趋活跃的报刊市场上，《齐鲁晚报》的发行冲击波也同样波及邮政报刊发行这个大渠道。

在一些市、县（区）邮局，尤其是设立了印点的地市、邮政部门，都在不同程度上发行《齐鲁晚报》，而且一发不可收、量越来越大、积极性越来越高。原来，一些邮局是以劳动服务公司搞第三产业的名义发行《齐鲁晚报》的，邮政部门都有强烈接管的愿望。据当时的粗略统计，1995年，以不同方式、不同程度发行《齐鲁晚报》的地市局有5个，到了1996年发展到9个。但应该看到，这种发行完全是自发性的，是顶着压力干的，甚至有不"光明正大"的感觉。

怎么办呢？一个发行的新课题又摆到《齐鲁晚报》高层决策者的面前。1996年春节后，《齐鲁晚报》与山东省邮局及报刊发行局的接触频繁起来。

双方怀着诚意，按照改革的思路，遵照邓小平"三个有利于"的理论，按市场原则大胆果断地确定了从1997年开始，充分发挥其他发行渠道的积极作用，实行多渠道发行《齐鲁晚报》的战略方针。

这种新的发行模式打破了以往那种令人欲变不能欲罢不休，要邮发就别自办，要自办就别邮发的传统发行模式，在全国的报刊发行中率先实现了具有历史意义的突破。1996年7月9日，双方按照互惠互利、竞争有序、活而不滥的原则签订了《齐鲁晚报》出版发行意向书，达成共识，一致认为：充分发挥邮局发行主渠道的作用，按照市场原则努力实现资源的优化配置，共同探索和创造社会主义市场经济条件下报纸的最佳发行机制和发行模式，是顺应时代发展，符合社会主义报刊市场发展规律的。并进一步明确强调了《齐鲁晚报》的发行中按市场规律办事的原则。也就是说，没有竞争的市场，还不如没有市场。竞争创造市场，市场同样需要竞争，《齐鲁晚报》的发行模式中既有主渠道和其他渠道的竞争，又有兄弟地市、兄弟邮局、兄弟发行站之间的竞争，这种有序竞争必然会促进报纸发行市场的完善和发展。

1997年《齐鲁晚报》的发行实现了历史性的飞跃。在邮局、报社及其他发行渠道的共同努力下，《齐鲁晚报》的发行量在年初实现了46万份。在以后的几个月中，发行量一直处于递增势头，并突破了50万份。到2002年，《齐鲁晚报》的发行量已突破了百万份大关。

但是，随着互联网的发展，人们对于纸质媒体的依赖度逐渐降低，可以说纸质媒体的销售日益下滑，正在经受前所未有的考验。与此同时，现代电子图书在网络的推广，媒介融合与报刊媒体的创新，催生出网络报纸、手机报纸、网络杂志、手机杂志，包括自媒体在内的诸多媒介。

所以，如何应对网络媒体带来的挑战，是一个不容回避的课题。

第二章　图书报刊价格

商品的价格是指在市场竞争过程中，由买卖双方根据商品的供求状况所确定的交易条件，是商品价值的货币表现形式。

图书报刊的价格是指图书报刊在销售过程中所定的价格。

报刊的价格分零售价、批发价、订阅价，同时又分年价、季价、月价、期价等。报刊价格的制定是报社经营过程中重要的决策问题，是报刊销售工作的主要内容。价格制定得适度合理是报刊销售成功的条件之一，使报刊的经营达到预期的目标。否则，会给报刊销售带来诸多问题，并直接影响到报刊的发行量和广告收入。

第一节　图书报刊价格确定的主要依据

出版社、报刊社在确定图书报刊销售的价格时，要充分考虑一系列内部和外部因素对图书报刊价格决策的影响和制约。内部因素是指出版社、报刊社的经营目标、成本状况、图书报刊印刷质量、图书报刊的内容及版面情况，及图书报刊发行营销的状况。外部因素主要指图书报刊消费市场供求状况和社会政治、经济、文化、地理等环境因素。

按照商品生产的价值规律，商品的交换是根据两个商品所包含的社会必要劳动量（价值量）相等而相互交换。而一个商品的价值不能由这个商品自身来表现，必须在同另一种商品交换时，通过所交换的一定数量的商品才能表现出来。作为图书报刊，这种带有文化属性的特殊性商品，除了其自身具备的商品属性外，还具有文化、社会、政治等属性。所以，其价格的制定也有其有别于普通商品的诸多不同要素的影响。

一、图书报刊成本

图书报刊的销售价格能弥补图书报刊管理费用、印刷、发行等成本支出，是企业获利的前提。因此，成本是制定价格的最低界限和主要因素。出版社、报刊社成本较低时，价格变动空间较大，否则，图书报刊在市场上的销售就会处于不利的地位。

从经济学的角度讲，图书报刊的成本也有两种形式：固定成本和变动成本。前者是指不随产品销售收入的变化而变化的成本；后者是指随产品的产量和销售的变化而变化的成本。固定成本和变动成本之和为总成本。图书报刊社制定报刊价格一般应遵循能够弥补其总成本的原则，但图书报刊价格的制定又表现出很强的特殊性。

（一）图书报刊的直接成本

出版社、报刊社用于办公、采编过程中投入的成本，包括办公楼的租购、交通工具、采访用具等成本都是直接成本。用于图书报刊印刷的纸张、印刷费的支出，一般作为报刊的直接成本进行计算。纸张的价格、质量、厚薄度等是影响直接成本的关键因素，同样印刷成本也直接影响着图书报刊的直接成本。

（二）图书报刊的边际成本

在现代图书报刊经营中，一些出版社、报刊社开始把用于发行的投入列为图书报刊的成本。比如用于发行车辆、发行网络等固定资产的投入，应计入图书报刊的销售成本。

（三）图书报刊资本成本的概念

在市场经济条件下，近年来一些出版社、报刊社在发展过程中筹措和使用资本往往都要付出代价。图书报刊的资本成本就是指出版社、报刊社或出版、报业集团为筹措和使用资本而付出的代价，也称资金成本。这里的资本是指所筹集的长期资金，包括自有资本和借入长期资金。

资本成本包括用资费用和筹资费用。用资费用是指在使用资本过程中付出的费用，比如支付股东的红利、支付债权人的利息等。这是构成资本成本的主要内容。长期资金的用资费用，因使用资金数量的多少和时期的长短而变动，属于变动性费用。筹资费用是指在筹措资金过程中为获取资金而支付的费用，比如银行借款手续费用等，它通常是在筹措资金时一次性支付的，在用资过程中不再发生，因此属于固定性费用。

二、图书报刊费用

传统意义上的图书报刊费用一般包括采编费用和发行费用。这两项费用都是直接费用，对于图书报刊价格的制定有着直接的影响。

1. 采编费用。是指出版社、报刊社为支付编辑、记者、管理人员的费用。包括工资、福利、采访费用、差旅费等。

2. 发行费用。是指在图书报刊销售过程中消耗的费用。主要是在批发环节、零售环节支付的费用，以及发行管理部门的全部费用，包括管理人员工资、福利、报刊发运费等。

3. 其他边际费用。是指出版社、报刊社用于公关、对外宣传、报刊促销等所支出的费用。

三、图书报刊市场供求状况

在图书报刊市场上，当其他条件一定的情况下，图书报刊的价格制定的高低取决于市场供求状况。当图书报刊处于买方或卖方市场不同位置时，图书报刊价格的制定方略截然不同。

（一）需求的价格弹性

消费者也即读者是否购买某种图书报刊，在一定程度上取决于图书报刊价格的高低及其变化。价格的水平与图书报刊的需求量之间，存在着一种内在关系，即需求的价格弹性。它是指价格变动而引起的需求量的变动率，反映了需求量对价格变动的敏感度。不同类型的图书报刊的需求量对价格变动的反应不同,也就是价格弹性大小不同。

在目前图书报刊市场竞争日趋激烈,尤其是同质化竞争越来越严重的情况下,图书报刊价格的制定必须考虑需求的价格弹性。

(二)竞争对手的产品和价格

图书报刊价格的上下限为市场的需求和企业的成本,在该幅度内,图书报刊价格的具体水平则取决于竞争对手的同类图书报刊的价格水平。如果与竞争对手的图书报刊十分相似,则考虑与竞争对手相近。否则,价格过高,销售量会受到损失;价格过低,图书报刊销售的利润空间也会受到损失。

(三)图书报刊质量对价格的影响

图书报刊质量是影响定价的重要内在因素,也是最基本的因素。质量与价格的关系大体上有以下几种类型:以质论价、物美价廉和质次价高。在图书报刊品种越来越多,读者水平越来越高的情况下,消费者更看重图书报刊的质量。也就是说,图书报刊的质量是制定价格高低的前提和保障。质量不好的图书报刊价格不论是高是低都很难激起广大读者的购买欲。

(四)政策法规及地理环境的影响

图书报刊的价格制定,在某种程度上必须遵守国家有关法规与政策,否则就很难执行。另外,图书报刊所发行的范围、季节及地理环境、政治环境、人文环境等,都对图书报刊价格的制定有着不同程度的影响。比如在城市化比较高、消费水平比较高、读者层次比较高的地区与经济不发达、文化相对落后、信息相对闭塞的地区,所发行的同类图书报刊,价格的制定会有很大的差异性。

四、图书报刊广告收入的影响

图书的广告一般是指在书籍的封面、封底或者内页刊登的具有营销价值的广告,近年来有些书籍还在内容上植入广告,特别是电子出版物的植入广告相对于传统纸质书籍的广告更为丰富。但值得注意的是,图书的广告收入比之图书自身的收入所占的比例相对较少,这点与报刊的广告收入存在巨大的反差。

从现代报刊销售的市场看,报刊的价格制定与其他商品的最大区别就在于报刊的销售实际存在着二次销售的现象。所以,报刊价格的本身与价值规律的基本法规不尽一致。

因为报刊是可以进行二次销售的特殊商品。报刊出版后,成为一个载有新闻信息的纸质传播媒介,然后通过发行网络送到读者手中,从而获得第一次销售收入,这是报刊自身的销售,其收入是报刊的流转额。在这一过程中,报刊社除回收部分资金之外,还拥有另一笔增值外延财富——社会影响力、公信力及读者传播效益,即通过对新闻事实的客观报道而在读者心目中形成媒体形象,和对社会大众潜移默化的影响力。其后,报刊社再将这种影响力以广告版面的形式销售给广告客户,使客户达到树立形象销售产品的目的,报刊社在这一过程中获得了第二次销售收入。

报刊之所以能够进行两次销售,是因为它作为大众传播媒介可以一身肩负新闻传播与广告传播两种使命,我们看到只有完成了销售高质量的新闻信息、赢得读者的第一步,才能顺利完成销售社会影响力的第二步。

一次销售为二次销售奠定基础,它的目的并非获得高额的销售收入,而是获取高水平的社会影响力。为了扩大市场份额，在市场竞争十分激烈的情况下，各报社纷纷将报刊价格维持在一个相当低的水平，甚至不惜造成大量的发行亏损，例如：当时报刊竞争最为激烈的时候，一份零售价 0.5 元的晚报，4 开 32 版彩色印刷，据测算仅纸张、印刷、发行、税率几项成本就达 0.9 元左右，每份净亏 0.4 元。

报纸如此低价倾销的原因有两点：一是市场竞争的结果，考虑竞争对手的定价策略和读者的承受能力，不能盲目提价；二是期望通过一次销售的增加来扩大社会影响力，为收益丰厚的二次销售奠定基础，从而实现"以丰补欠"，总体赢利的目的。

报刊价格的制定，除了以上几方面因素的影响，还受报刊社经济实力、投资规模、效益回报周期、办报办刊宗旨等诸多因素的影响。二次销售的特性决定了报刊定价与普通商品不同的最大特点是可以使价格低于成本而仍能盈利。当然，报刊价格可以高出成本，报刊本身的销售可以盈利。所有这一切，都取决于报刊社的决策定位。

第二节　图书报刊的定价方法

价格是商品在市场竞争中十分重要的因素。图书报刊价格也是在图书报刊市场中进行竞争的最基本手段。出版社报刊社应充分有效地运用这一手段，根据自身状况和图书报刊特点，采取灵活多样的策略与技巧对图书报刊价格进行适时调整，以实现出版社、报刊社的发展目标。

一、成本加成定价法

成本加成定价法是以图书报刊印刷出版的总成本为基础，加上预期的利润空间来确定图书报刊的销售价格。价格与成本差额，即为加成。实际操作中可用成本利润率来确定预期利润率。成本加成定价法的计算公式为：

图书报刊价格 = 单位成本 × （1+ 成本利润率）

这种定价方法是应用最广、最早、最简便的计算方法，在图书报刊市场环境因素基础稳定的情况下，可以使出版社、报刊社获得基本利润。利用这种方法的关键是加成率如何确定。在一般情况下，不同类型的图书报刊在不同地区的发行，加成率也不同。在国外一些行业中，其加成率一般为25%至100%，在我国，一些商品的加成率一般为5%至50%。当然也有个别商品的加成率比较大。

就图书报刊价格的加成率而言，其差别又是很大的。一般情况下，报纸，尤其是生活报纸的加成率都是负数，即报纸的价格还会远低于成本单价，因此报纸的销售大都是亏损的。相反，刊物的定价加成率一般在10%至30%之间。也就是说就市场而言，其本身的销售大都是有利润的；图书的定价加成率则更高一些。成本加成法的缺点是只考虑商品自身的成本与预期利润，完全忽视了产品的社会价值，以及供求环境、业态竞争情况。如果机械地按照这种方法定价，很可能不为消费者所接受，或者缺乏市场竞争力，很难实现出版社、报刊社预期的经营目的。

二、平盈价格定位法

平盈价格定位法就是运用盈亏平衡分析原理，确定图书报刊价格定位。

平盈定价公式为：

$$L = F / (D-BF)$$

公式中：L 为图书报刊盈亏平衡点销量；

F 为固定费用；

D 为单价；

BF 为变动费用。

当出版社、报刊社要取得一定的目标利润，公式则为：

$$L = (F + M) / (D-BF)$$

公式中：M 为出版社、报刊社要实现的目标利润。

则价格的定价方法为：

$$D = (F+M+L \times BF) / L$$

这种定价方法比较方便，问题的关键是如何测定图书报刊的最佳销售量，即最佳有效发行量。

三、模糊价格定位法

模糊价格定位法，是从图书报刊的印刷发行成本、采编所需的费用等边际成本因素考虑，加之报刊的宣传质量、发行质量、印刷质量等综合情况考虑，采取的科学定价法。

模糊定价法其实是在可销价格倒推法（即通过事先测定市场可销零售价，再据此向后推算批发价、成本价的一种定价法，又称为需求导向定价法）、理解价值定价法（即按照消费者对报刊的感觉，使读者在图书报刊内容、发行服务质量等影响下形成理解价值，然后据此定价）等方法的基础上综合定价法。

模糊定价法的特点是灵活多变，考虑市场环境、竞争对手、发展周期与既定目标等多种因素，最终利用价格手段完成图书报刊的市场销售目的，实现出版社、报刊社的计划，使图书报刊得到壮大与发展。

第三节 图书报刊的定价策略

图书报刊的定价依据的复杂化，以及定价方法的灵活多样化，使得图书报刊的定价策略显得尤为重要。不同类型、不同内容、不同形式的图书报刊，定价的策略显然不同。

一、图书的定价策略

图书到底是如何定价的？每个出版社都有自己的核算系统，根据页码、纸张类型、印刷册数，计算出默认定价，但这个定价只是个参考，具体价格会受到一系列因素的影响决定。

一是国家政策层面的因素,用于党和政府宣传的政治类书籍、各种学校教材的书籍,以及一些具有专业属性进行特定发行的出版物等,受市场因素的干扰比较少;二是经典书籍的定价会受到历史定价因素的影响,根据市场变化不断地调整;三是完全进入市场化的书籍,定价比较灵活,利润相对较高。

二、党报党刊的定价策略

所谓党报党刊,按照有关部门的解释是,由党委机关主办,用来宣传党的路线、方针、政策及政府法规等内容,用正确的舆论引导、教育人民的报纸或刊物。比如中共中央机关报《人民日报》、北京市委机关报《北京日报》、以及党刊《求实》杂志等。

在改革开放前,我国的大众传播领域是以170多家党报为主的。报社是在各级党委的领导下,从国家财政中统收统支,工作也是按部就班,不愁发行,不愁广告,不愁经费来源。但随着国内公开发行报刊的日益增加,一些生活类报刊异军突起,加上广播、电视、互联网的兴起,事实上在大众传播的市场中,党报与党报之间、党报与其他报刊之间都存在着纸张大战、发行大战、广告大战及人才大战等竞争。由于这些情况的存在,使得党报在报纸定价上存在着多元化的趋势。党报的定价趋势主要表现在以下两个方面:

1. 依靠党委宣传部门支持和公费订阅,是党报目前发行的一个重要特点。根据邮发报刊统计表明,机关、学校、企业、村委会等单位公费订阅的党报占总订阅费的98%左右,所以从目前看,争夺日益减少的行政经费与农民提留款等仍为党报发行大战主战场。

由于这一特点，使得目前党报定价普遍偏高。2002年，在我国订一份《人民日报》一年需要367元；一份省级的党报也要220元左右；一些地市的党报也接近200元。在这种情况下，私人订报很难拿出一定比例的收入去订阅党报，从而使党报发行工作难度越来越大。

2. 党报角色使党报在价格制度上存在着"二难"处境。由于党报肩负着党和政府的使命，与其他生活类报纸是有区别的，按道理，应更便宜些，让社会上更多的读者能在潜移默化中受到启迪和教育。但事实上，与此恰恰相反，那些以企业化运作的报纸，在出版印刷环节都是亏损的，报纸的定价普遍较低，而党报的定价都是显得偏高的。造成这一现象的主要原因是党报在取消了财政补贴以后，广告收入不很景气，加上管理与运作等方面的问题，造成党报经济效益不高，报纸价格定低了，就难以为继了。所以，如何确定党报的报纸价格，除了遵循报刊市场的基本法规以外，还要从党报的特殊性考虑，因地因时因报确定出合适的价格。

三、生活类报纸的定价策略

面向城镇居民读者，以知识性、趣味性、通俗性、娱乐性、可读性、新闻性等为主要内容创办的生活类报纸，或称都市类报纸，其定价策略与党报有着很大的差别：

1. 生活类报纸由于内容上贴近读者，面向市场，所以一改党报靠公费订阅的做法，主要靠市场零售或订阅给私人读者。由于其内容丰富新颖、版数多、时效快，而成为市场销售的主流报纸。

2. 由于生活类报纸的收入主要靠广告收入弥补，所以在报纸的价格上定得较低，报纸的价格往往低于本身的成本。也就是说，报社的销售收入是由报纸本身的销售和广告版面销售两部分组成，如果从报社总营业额与总利润相比较，报社的销售利润还是比较高的。生活类报纸这样做的目的，就是让利于读者，让众多的消费者买得起、买得多，以扩大市场份额，提高在市场上的竞争力。

四、经济类报纸的定价策略

由于经济类报纸在发行方面与党报、生活类报纸的区别，决定了其报价价位也与普通报纸有着很大的差别：

1. 经济信息类报纸的订阅者大都是以企业为主的，其次是经营管理决策部门。或者说，经济类报纸的读者群是由企业经营管理者、政府职能部门、金融等系统组成的特定读者群。一般情况下，每个小型企业只订一两份，中型企业订五六份，大型企业订十几份。

2. 经济信息类报纸在价格定位上既不同于党报，又不同于生活类报纸。从目前看，报纸经营的创收渠道主要有两条：一条是从发行收入中取得，这就要在节约开支的基础上定一个较高而又合理的报纸价格，还要保证一定的发行量。要达到这个目标是很难的，只有一些娱乐性的报纸可能会做到，经济信息类报纸是很难做到的。而另一条渠道则从广告收入中获取，它以较低价格取得很大的发行量，又因为有了大的发行量取得了大笔的广告收入，除了补贴报纸的亏损外，还可以得到可观的经济效益。现在大部分都市类的报纸都是这样做的。但在原材料以及各项成本费用大幅上涨的情况下，要取得好的经济效益也是很艰难的。知名度高、发行量大，或者发行量不算最大、但知名度高，这样的报纸在一个广告经营发展快的地区较易做到。但是，作为直接为经济工作服务，又没有得到财政拨款的经济信息类报纸，存在着经济基础薄弱，广告竞争能力较差，要提高知名度还有一个过程等问题。所以，它既不能用很高的报价来获取利润，又没有用较低的报纸价格与知名度高、发行量大的报纸竞争广告的能力。那么，有价无量不行，有量无价也不行，要有价有量才是理想的。要达到这个目的，我们必须在提高报纸质量，搞好发行工作的同时，在报纸价格方面做出一个准确的定位。

3. 经济类报纸的发行与整个大的经济环境有关。在目前情况下，企业订报经费的压缩必然影响到一些报刊的订阅。但企业终归要订阅一些必需的报刊，要订阅一些质量高、价格又适中的报刊。如果企业要订阅一份它最喜欢的报纸，价格则不是最重要的原因。

由此可以看出，目前经济信息类报纸的价格应不低于报纸采编费、发行费、出版印刷费等总的成本是较合适的。当然，最近兴起的一些经济类报纸，在报纸价格上也采取了高投入、高成本、低价位的策略，在市场上形成了竞争态势，值得业内人士认真对待与研究。

五、刊物的定价策略

在刊物定价的策略上，大部分报刊社采取了成本加成定价法。也即刊物的价格遵循了一般商品的定价原则，在刊物本身的销售中，报刊社基本都能获取利润。在刊物广告版面的销售中，基本是纯收入。尤其是发行量比较大的刊物，其报刊销售的收入远远大于刊物广告量的收入。

刊物的广告收入取决于刊物发行量与受众率、公信力等品牌的影响。一般情况下，发行量大的刊物，其广告版面的价值越高，广告收入也相应增加；相反，发行量小的刊物，其影响力就小，广告收入也不会太大。

六、报业集团化后报刊定价策略

在市场经济条件下，报业集团化后实行的企业化管理，使得报刊的定价成为企业行为。商品实现是市场竞争产生的前提。价格竞争之所以能成为市场竞争的主要形式，主要取决于价格竞争的基本特点，即直接性与平等性。价格策略，既是一门科学，又是一门基础。价格策略的艺术就在于如何把报刊价格定得既能使消费者易于接受，又能为报刊社带来较多的利益。它不仅要求报刊社对成本进行核算、分析、控制和预测，而且要求报刊社根据市场情况、报刊特点、读者心理等因素，在考虑报刊发展的近期目标与远期目标、遵守国家政策法规、符合社会道德，又不损害读者利益的前提下，做出正确的判断与选择。

（一）报刊的地理价格策略

为了不断提高报刊的市场份额，必须加大区域覆盖率。为占领新的市场空间，根据各地区具体情况和发展潜力，确定不同的价格水平和与价格有关的促销措施，称为地理价格策略，也即发往不同地区的同种报刊，可以根据具体情况确定不同的价格。比如一些报刊社利用长途运输或异地传版印刷发往外埠的报刊，可以根据发往地区的实际市场状况，或高或低地确定出适合当地的报刊价格。

（二）报刊的心理定价策略

报刊的心理定价策略就是指报刊社运用心理学原理，针对读者在购买过程中的状态，确定报刊价格的一种策略。与报刊价格有关的消费心理主要有物美价廉心理、以质论价心理、习惯价格心理、逆反心理、从众心理、猎奇心理等。主要策略有以下几种：

1. 尾数定价策略。就是为了迎合人们的求廉心理，有意保留恰当价格尾数（俗称零头）的一种定价策略。比如100元的报刊，只定价98元；200元的报刊只定价198元；看上去，只相差2元钱，但读者会认为便宜了很多。

2. 习惯定价策略。就是根据读者已经形成的消费习惯形成的价格水准确定报刊的定价策略。比如报纸的零售价格，一般每份0.5元或1元，这样不仅避免了找零的麻烦，读者消费起来也形成了习惯。

3. 组合套餐定价策略。就是把几种报刊合起来定价，形成互补。比如三份报卖1元；两份报卖0.5元，形成套报。这在一些报刊品种比较多的销售商中，经常运用这种策略。

（三）报刊的折扣让利定价策略

报刊的折扣让利定价策略就是指报刊社在报刊基本价格的基础上，采用不同方式给予读者一定比例的价格减让，以促进报刊发行量的一种策略。比如针对竞争对手直接打折的让利读者、赠送一定价值的纪念品吸引读者、根据订阅时间的长短采取不同的让利政策、根据购买数量的多少进行折扣等策略。

近年来，随着报刊市场竞争的日趋激烈，这些价格策略已被报刊社广泛运用。

七、报刊的价格调整策略

报刊价格的调整，是报刊社无法回避的决策内容。由于市场的变化，必然引起报刊价格的变化。只有适时科学地对报刊价格进行调整，才能在激烈的报刊市场竞争中立于不败之地。

（一）报刊调价的时机

什么时候调整报刊价格，都是有风险的，所以如何选择最佳时机调整报刊的价格，至关重要。

1. 调整价格的风险。任何报刊价格的上调或下浮都会引起读者、竞争者、经销商及有关部门的关注。比如，报刊涨价会直接导致购买者减少；如果降价，也会引起读者的众多猜疑。如果竞争对手认为是针对自己的市场而来，其反应会非常强烈，必然采取一系列措施削弱对手的调价效果。对于报刊销售方而言，由于调价会在某种程度上直接影响销售方的利益，也会引起诸多连锁反应。

2. 成本变动时的价格调整。当报刊成本变动时，是报刊调价的一个契机。比如纸张涨价、印刷成本增加等，利用与读者的沟通，可以有效地降低读者的抵触情绪，防止购买率下降。相反，随着科技进步，生产率提高等原因，报刊社绝对成本和相对成本下降，也可以使报刊直接降价。

3. 市场因素对调价的影响。报刊种类的变化、购买力的变化、消费心理的变化等，也必然促使报刊的价格进行调整变化，否则就会直接影响报刊的销售。

4. 政策法规对调价的影响。在市场经济条件下，国家会在某一时期运用各种政策、法规对报刊的价格制定与调整进行干预。报刊社在调整价格时，应在符合国家政策法规的前提下，通过合法的手段进行，保证报刊市场健康有序地发展。

（二）调价的具体策略

1. 主动调价。报刊社在竞争实力比较强的情况下，在调价前应认真分析竞争者可能出现的反应，防患于未然。

一般来说，由于主动调整价格的风险较大，适用于竞争实力较强的企业，而竞争实力相对较弱的企业最好避免主动调价。但是在市场竞争中处于绝对优势的企业是不多见的。在预测竞争者可能出现的反应时，要区分两种情况：一种是报刊社有一个强大的竞争对手；另一种是报刊社必须面对几个竞争对手。

如果报刊社有一个强大的竞争对手，应做好以下准备工作：第一，假设竞争对手以往常惯用的方式对待这次调价，企业应据此确定调价幅度，制定应付竞争对手的反应方案。第二，假设竞争对手不采用通常的反应方式，而是从维护自身利益的要求出发，采取其他的反应方式，报刊社则应根据自身主动调价想达到的预期目的采取相应的对策。如果报刊社调价的直接目的不是为了与对方竞争，而是从自身内部经营状况或市场需求出发，那么调价时就应尽量避免过多地侵犯竞争者的利益；如果企业调价的目的就是与竞争者争夺市场，那么就应认真分析竞争者的财务状况、生产销售能力、经营目标和报刊在购买者心目中的印象，据此安排调价幅度和相应的辅助措施。

如果报刊社必须面对几个竞争者，应做好以下调价准备工作：第一，假设此次调价会引起各个竞争者采取相同的方式反击，那么报刊社必须预测此次调价的效果，并制定对付竞争者的方案。第二，假设由于竞争报刊社的规模、市场占有率和经营目标有较大差异，他们会各自作出不同的反应，报刊社应考虑此次调价措施怎样与其他措施相配合，以便对付不同的竞争者。

2. 追随调价。追随调价是指报刊社根据竞争对手的调价情况而采取的相应价格策略。

追随调价有两种形式，一种是竞争实力弱的报刊随强势报刊或市场行情变动而调整价格，也叫被动调价；另一种则是后发制人的调价，其竞争性极强，一般为强势媒体所采用。

对报刊社来说，追随调价是经常面临的问题，在竞争者已经调价时，应考虑下列问题并制定对策：对方为什么要调价？是为了扩大市场占有率，还是因为成本发生了变化？调价的报刊质量、性能与同类报刊有何不同？若不追随调价，会有什么样的后果？对方的竞争实力如何？如果追随调价，对方会采取什么新的措施？在考虑了上述问题后，一般可采取下面几种手段：一是维持原价。一般在对方调价幅度不大，对本报刊市场占有率影响不大时采用；或对方市场占有率不高，对本报刊社不足以构成威胁时采用。二是追随降价。此对策在本报刊的市场占有率受到威胁时采用；或当本报刊社需求弹性大，降价可以扩大销售量，也能降低成本时采用。三是追随涨价。此对策就是随着市场变化而变化。

3. 变相调价。报刊社在参与市场竞争中，除了调高价格与调低价格的策略外，还可以通过其他形式变相调整报刊价格。

报刊社在价格竞争中，公开直接地调价，不管是调高还是调低，都要冒一定的风险，弄不好会损害报刊的形象，引起消费者反感，甚至造成报刊社两败俱伤。因此，为避免上述不良影响，许多报刊社采取变相调价的手段，间接实现价格调整，而又不引起较大震动，尽量减少竞争的风险。其主要手段有：一是增加售后优惠服务。售后优惠服务是指报刊社向购买者提供多项售后优惠服务，以取代直接降价的一种变相调价手段。这种服务上的优惠取代价格上的优惠，一般包括提供信誉保证，发送"读者优惠卡"，提供全方位的服务。二是赠送物品，吸引读者购买订阅。比如有些报刊社规定，对长年订户可免费赠送读者报刊箱，或送雨伞、送水杯、送米、送油、送面粉等。三是制订抽奖办法，让读者参与抽奖活动。另外还有以旧换新，即利用回收旧报刊换取新报刊补贴等办法，让利读者。

第四节　图书报刊价格调研

图书报刊价格决策是出版社、报刊社管理决策的核心内容。价格的决策关系到出版社、报刊社的直接利益，因而是决定图书报刊经营成败的重要因素。价格决策必须在充分掌握价格信息、分析研究价格信息的基础上，对价格充分预测后，方可进行。否则，就很难拿出科学的决策方案。

一、图书报刊价格信息的应用

出版社、报刊社要准确、合理地制定价格,就必须搜集掌握大量的价格信息。价格信息是价格预测、决策的前提和依据。

(一)价格信息的种类

价格信息是经济信息的范畴,它是指价格在运动过程中的各种发展变化及其特征的反映,是各种因素的消息、情报、数据知识的总称。报刊价格信息的内容很广泛,凡是反映价格形成及其变化因素的信息,都属于价格信息,其主要内容为:

1. 政策信息。主要包括党和政府的大政方针及政府职能部门颁布的有关价格的方针、政策、法规和管理措施等方面的信息。

2. 价格构成变化信息。主要包括生产成本、工资、税收、利息、利润等变化情况,以及引起这些要素变化的各种因素。如科技的发展、产品的更新换代;新技术、新材料的应用,劳动生产率、原材料的价格及其消耗;资金和设备利用率、交通运输费用、管理水平等的变化。

3. 价格动态信息。这类信息主要包括市场价格水平、供求关系、货币流通、消费结构、消费习惯、消费者心理等多种与价格变动有关的信息。

4. 价格管理方面信息。这类信息主要包括国家对市场价格的宏观调控、价格的检查与监督、价格总水平的调节等方面的信息。

5. 价格预测信息。这类信息主要包括对价格变动趋势的评估、价格总水平发展状况的预测、对分类商品或某一种商品价格的长期与短期预测、对影响价格变动的其他因素的预测等。

此外，按照来源，价格信息可分为内部信息和外部信息；按照加工程序，价格信息可分为原始信息和加工信息；按照管理范围，价格信息可分为宏观信息和微观信息等。

（二）图书报刊价格信息的搜集渠道

出版社、报刊社要想获得有价值的价格信息，必须利用好各种渠道。

出版社、报刊社内部价格信息比较容易取得。图书报刊的生产、经营各部门，一般都有完整的工作记录，信息搜集人员只要能及时地把各部门的资料、报表等按照信息管理的要求分类选择，就可得到有用的价格信息，出版社、报刊社外部的宏观信息只要从各级政府部门颁布实施的法规、文件中筛选即可。出版社、报刊社外部的市场价格信息则数量多、内容杂，搜集工作较复杂。随着市场经济的不断发展和信息产业的兴起和扩大，可供选择的渠道主要有：

1. 加入综合性或行业性价格信息网络。价格信息网络是由专门的信息服务单位主办的，与各级价格管理部门和业务主管部门有密切的联系，并吸取大量工商企业入网，故提供的信息具有权威性、可靠性和实用性。

2. 订阅综合性或专业价格信息刊物。由各级价格信息服务部门或有关的业务主管部门主办的价格信息刊物，一般信息容量大，实用性强，价格便宜。

3. 参加信息发布会。许多地区性的价格信息部门都采取在短期内集中力量搜集、加工信息的方法，并通过召开价格信息发布会的方式传递信息。

4. 利用外埠信息人员。这种信息人员以兼职为主，由他们承担起搜集当地市场价格信息的任务，并按企业规定的信息种类、报告日期及时将信息传回企业。

此外，还可以通过加强企业间的信息交流，到价格信息咨询部门进行咨询,参加全国报刊发行会、研讨会等形式搜集信息,以及在购销活动中取得价格信息。

(三)价格信息的分析研究

价格信息的分析研究,是一个高层次的信息加工,它必须结合全局与局部、宏观与微观、目前与长远、静态与动态、定性与定量等方面的情况,进行由此及彼、由表及里的全面比较分析。它是在对大量信息进行综合、编写的基础上,经过推理、判断,从而得出具有新价值、有深度的信息。它可以有效地指导企业的生产经营活动,是企业进行经营决策的依据和条件。分析研究价格信息时应注意以下几点:

1. 分析研究价格信息时,一方面应注意用事实说话,以数据证明,切忌简单的归纳推理;另一方面应注意不断培养和提高信息工作者的经营意识和信息意识。

2. 分析研究价格信息的目的是使之系统化、条理化,是对原始信息的再开发,意义至关重大,要充分认识,不可低估。

3. 为保证对价格信息的分析研究更加合理、科学,应聘请一些有实践经验、有信息分析能力的专家与学者对信息资料进行深入的分析研究,确保信息的有用性。

(四)价格信息管理

价格信息管理是价格管理的一部分,为了建立科学的价格信息工作秩序,就必须有严格的价格管理制度。这些制度主要包括:

1. 信息档案制度。报刊社应将搜集、整理后的有价值的信息资料以一定的形式存档保留,以便随时调用。

2. 定期报告制度。信息管理人员应及时登记购销价格和流通费用等内部信息，并对信息进行系统的整理和分析后，定期向决策人员报告。

3. 价格跟踪制度。价格信息管理人员应对图书报刊每一次价格调整方案的执行效果进行跟踪查询，及时取得反馈信息。

4. 保密制度。价格信息在一定时期、一定范围有保密性，这是图书报刊开展市场竞争的需要。价格信息人员要严守保密制度。

二、图书报刊价格的预测

所谓预测就是根据事物的客观规律判断未来，是对未来发展做出的预料、估计、判断和推测。价格预测就是根据各种价格信息资料，运用科学方法，对市场价格运动状况及其变化趋势做出符合客观规律的判断和推理，为价格决策提供科学依据。

在市场经济条件下，根据掌握的价格信息，对市场价格进行科学预测是打开市场大门的钥匙，是正确进行经营决策、提高价格管理水平和商品价格竞争力的必要前提。通过价格预测，可以增强经营的预见性，减少盲目性。价格预测对增强报刊的竞争能力、应变能力和发展能力起着至关重要的作用。

（一）价格预测的类型

根据不同时期的管理要求和经营目的，价格预测有不同的侧重点，由此可划分为不同的类型：

1. 按预测时间的长短，可分为长期、中期、短期价格预测。长期价格预测一般在五年以上，是制定长远规划和重大经济决策的依据；中期价格预测一般在一至五年；短期预测一般指计划年度内价格变化的预测。

2. 按预测范围分，有宏观价格预测和微观价格预测。宏观价格预测主要是对市场订价总体环境的预测，如价格总水平变化的方向和幅度，零售价格水平变化与职工工资增长、居民收入关系变化趋势等。微观价格预测主要是对影响报刊价格变动的各个因素的预测，如图书报刊成本、销量、供求关系、竞争等对价格水平的影响。

3. 按预测方法，可分为定性预测和定量预测。定性预测主要指对图书报刊价格运动趋势的预测；定量预测主要指运用现代数学方法，准确测算价格变动数值的预测。

（二）价格预测的内容

在市场经济条件下，价格变动受多种因素的影响和制约。因此，价格预测的内容是十分广泛的。它主要包括以下几方面：

1. 价格总水平的预测。它是指对整个国家或某一地区商品价格总的变动趋势和变动程度的预测。通过分析，了解价格总水平变动的方向和幅度，零售价格水平与社会购买力变化的趋势，以及货币流通量与市场供求的变化。

2. 单项商品价格预测。它是指报刊社对经营或准备经营的单个报刊价格现状和发展趋势所进行的预测。

3. 价格变动连锁反应预测。由于市场上各类商品价格之间是一个相互联系、相互影响的有机整体，任何一种价格的变化，都会引起一系列的连锁反应。对价格连锁反应的预测，便于对相关报刊的价格进行合理的调整和安排，以适应市场环境、价格体系变化发展的需要。

4. 市场供求的预测。预测市场报刊供求的变化趋势，分析市场供、销的状况和社会购买力构成的变动方向,做好社会报刊可供量与社会购买力之间关系的预测。

5. 市场占有率预测。预测本报刊在同类报刊中的比重和变化趋势,包括对报刊在不同地区市场、不同消费者群中销售量所占比重及变化趋势的预测。

三、图书报刊价格预测方法

(一)价格定性预测法

所谓定性预测方法,主要是依据人的经验判断、思维分析和逻辑推理等手段对事物趋势、总体范围、大致方向进行预测的方法。它主要分为经验判断预测法和市场调研预测法两大类。

1. 经验判断预测法

经验判断预测法也称预测者直观判断法,是预测者凭借自己的知识、经验和综合分析能力,或靠集体的智慧和经验进行预测的方法。主要有:

(1)个人经验判断法。它是预测者根据掌握的现实情况和资料,运用个人的实践经验对报刊价格的发展变化趋势做出预测。这种方法在价格变化较有规律、只要求预测出价格变动大概趋势的情况下使用较为适宜。

(2)集体讨论法。这种方法是将有经验的营销人员、物价人员、业务人员、会计人员及其他有关人员组织起来,就预测目标进行讨论,相互交换意见,得出集体预测的结论。这种方法简便易行,可以互相补充、互相启发,集思广益,能弥补因个人的知识、经验不足而造成的个人经验判断预测结果的偏差,效果较好。

（3）专家意见法。这是根据专家的知识和经验加以预测，听取专家意见的办法。利用各专家在专业方面的经验，对过去和现在的价格情况进行分析和综合，并对发展远景做出个人判断。

2. 市场调研预测法

市场调研预测法是在市场调研基础上，通过对市场行情调研资料的相关分析和推算来预测的一种方法。它主要有试销调查法和典型调查法两种。

（1）试销调查法。这一调查法是在有代表性的市场中试销某种产品，在试销过程中对需求情况、竞争商品的销售情况等进行调查，进而推断和预测该种商品未来的价格变化趋势。试销方法较多，如提供样品试销法、采用模拟商店法、正式市场试销法等。

（2）典型调查法。典型调查法又叫抽样调查法，是通过对生产者和消费者的典型调查或抽样调查，取得典型户在一定时期内平均供给市场商品情况和平均需求市场商品情况，并据此推算出大类商品或某种商品的市场价格变动趋势的预测方法。

由于定性预测法简便易行，能在较短时期内对市场价格的发展情况加以概括的了解，因而在实际中被广泛运用。但是，由于定性预测只是一种主观的推断，主观经验的可靠程度、对市场的了解情况、预测者的知识水平、应用资料的真实程度等都会影响预测效果。因此，为了消除主观因素的影响，在运用定性预测方法的同时，还应通过定量预测方法来提高预测的准确程度。

（二）企业价格定量预测方法

定量预测法又称数量预测法或统计分析法。它是根据较完整的历史资料，运用一定的数学模型或统计方法,对市场价格变动趋势进行预测的方法。为了使价格预测更科学、更准确,就必须对企业的经营活动和国内外市场动向作出数量上的精确计算和分析。随着近代数学的发展,出现了概率论、数理统计、经济数学、运筹学等一系列数学分支,为价格预测提供了广泛、科学的工具和方法,比如价格指数预测法。

价格指数预测法是利用价格指数的动态数列所反映出的价格变动趋势来预测未来价格变动的方法。价格指数反映的是不同时期报刊价格水平变动的相对数,是分析和研究价格变动的主要资料。这种方法就是根据系统的指数,从中找出变动的幅度和分析变动的原因,再结合未来有关因素的变动趋势,来预测今后价格水平变化的趋势和程度。

依据价格指数进行预测应注意两个问题:一是要对过去价格指数的变动原因进行历史的客观分析;二是要对未来的价格相关因素进行辩证的考察。

四、图书报刊价格决策

所谓决策,简单地讲就是拍板、决定,具体来说就是为了实现一个特定的目标,在占有一定信息的基础上,从若干个备选方案中选择最优方案的行为过程。价格决策就是为实现一定的经营目标而在两个或两个以上的价格方案中选择一种最佳方案的行为过程,它包括对企业价格行为、调整方案、定价策略及变动措施所做出的一系列的抉择。价格决策贯穿于价格制定、调整、执行、监督、检查和管理工作的各个方面。价格决策历来是经营活动中最重要、最敏感的问题。正确的价格决策是保证报刊价格运动合理化和经营管理最优化的前提。

（一）企业价格方案的准备和拟定

在企业价格决策中，价格决策目标一经确定，价格决策者就要考虑采取何种手段来实现价格决策目标，即准备和拟定价格方案。

准备和拟定价格方案应坚持下列基本原则：

1. 可行性原则。即每个方案必须切实可行，合乎实际的要求，不可纸上谈兵。

2. 多方案原则。只有从多个方案中选择、比较，才能保证最终的决策方案最佳。

3. 排斥性原则。即各备选方案之间应具有排斥性，执行这一方案就不能实施另一方案。若某一决策方案包括了另一方案的内容，选择就无意义了。

此外，价格方案的准备还应注意以下几点要求：首先，要确定各价格方案的范围和界限。范围和界限的划分要能突出各个方案的独立性，不能过多地相互交叉而导致相互依赖和重叠。其次，要设计各价格方案的细节。细节的设计可以以偏差的描述为依据，细节越详细越好。最后，要估测价格方案的结果。这些结果有些是定量的，有些是定性的。

（二）企业价格方案的评价

对各价格方案进行评价，在量上要做到十分精确是很难的，这就需要将定量分析和定性分析结合起来，进行综合评价，并要符合下列一些基本要求：

1. 技术上是合理的，是指实施方案的必要条件是具备的、可以实现的，对可能出现的不利因素在技术上是有所准备的。

2. 经济上是合算的，是指方案的实施带来的效益最大或代价最小，即以较少的投入取得较多的成果。

3. 时间上是科学的。实现价格决策的目标必须要有时间上的要求，不可能是无期的或漫长的，要尽量选择完成时间较短的方案。这也可视为选择方案的效率标准。当然也不是越短越好，要建立在科学、合理的基础上。

（三）价格决策者的素质

价格决策是否科学、合理，关键取决于价格决策者的素质高低。素质是一个人具有的品质，是一个人各方面能力的综合体现。价格决策者的素质一般包括以下几个方面内容：

1. 竞争观念，即价格决策者必须牢固树立市场竞争观念，敢于竞争、善于竞争，充分运用价格手段，提高企业竞争能力。

2. 协作观念，即价格决策者应树立与其他组织相协作的观念。互通信息，充分利用他人的长处弥补自己的不足；同时也尽可能地为其他经济组织排忧解难，树立报刊社良好的社会形象。

3. 时间与效率观念，即在价格决策中，一是要及时了解、掌握市场行情和本报刊内部经营条件的变化；二是在报刊外部情况有了变化后及时做出相应的价格对策，以提高决策效率。

4. 效益观念，即价格决策者应树立两方面的效益观念。一方面，通过价格、需求、成本、利润、竞争等方面的相关分析确定最优或满意的销售价格，为报刊争取较好的经济效益；另一方面，报刊又必须关注社会购买力、收入水平及生活方式的变化，不断提高报刊质量，注重社会效益。

5. 信息观念，即价格决策者必须树立信息观念，自觉地、经常地搜集信息，重视信息的作用，利用信息为价格决策服务。

6. 法律观念，即在市场经济条件下，一方面，价格决策要受国家价格管理法规的约束；另一方面，报刊的批销活动和价格拟定也需要法律保护，通过经济合同或其他法律方式保持价格的合法性和严肃性。因此，价格决策者要树立法律观念。

第五节　图书报刊价格策划实施

图书报刊的价格策划，是指出版社、报刊社为了实现一定的营销目标去协调处理各种有关的价格关系的活动。价格策划的过程，不仅仅是指价格的制定过程，而是指在一定的环境条件下，为了实现特定的营销目标，协调、配合营销组合的其他各个有关方面，构思、选择并在实施中不断修正价格战略和策略的全过程。

价格是营销组合中的一个重要组成部分。在营销组合中，价格是唯一与企业获取收入的大小直接相关的营销手段，它是企业见效快、投入少的手段，其运用效果在很大程度上取决于价格策划的质量。因此，做好价格策划工作意义重大。

一、营销价格策划的原则

营销价格策划，是企业营销活动的重要组成部分，进行这项工作，必须遵循下面的原则：

（一）整体原则

开展价格策划工作，必须把握整体性、系统性。一是价格策划要以市场为背景，分析市场状况、现有的和潜在的竞争者状况及竞争者可能产生的反应等；二是价格策划要以整个报刊社为背景，考虑价格工作和其他各项有关工作，如促销宣传、渠道选择等的衔接，还要注意各个部分之间的协调。

（二）动态原则

图书报刊经营的内外部环境总是处于不断的变化之中，价格策划必须有动态观念。图书报刊价格策划的构思和举措只有与内、外部环境以及报刊经营的总体目标相一致才是最理想的。面对不断变化的内、外部环境，报刊社必须结合实际情况，不断修正原有的策略。

（三）前瞻性原则

价格策划既要立足于历史和现实，更要放眼于未来。进行价格策划，必须在充分把握历史和现实的同时，更加注重对未来的把握。因为任何策划都是立足现在而为未来服务的。因此，决策的优劣并不取决于其是否适应现有状况，而是取决于其是否和未来的状况相协调。尽管价格的调整较其他营销策略的调整简便易行，但仍要注重对未来的分析，如对竞争者和消费者的未来状况、企业未来可使用的资源状况等的分析。

（四）有效沟通原则

报刊价格策划的意图，必须得到报刊社内部有关人员的理解和支持。在策划过程中，也要充分听取报刊社各方面人员的意见。

二、价格策划的环境研究

任何价格都无法脱离其存在的具体环境，报刊总是在生产经营的各种因素和不同的环境条件下进行价格策划的。影响价格策划的环境因素主要有社会经营环境、市场环境和报刊营销环境。

（一）社会经营环境

社会经营环境是价格策划的基本背景，其内容主要有社会经济发展的近期与远期目标、报刊结构、区域布局、市场体系的培育、经济发展速度、宏观的经济调控等，这些都间接地制约着报刊价格策划。因此，价格策划必须适应环境。

（二）图书报刊市场环境和营销环境

市场环境是价格策划的基础。市场供求态势、市场竞争格局、市场内外联系、市场规则等对价格有着直接的作用。市场交换的主体是卖方和买方，市场矛盾集中表现在供求关系上。企业价格行为总是发生在一定的市场环境之中。进行价格策划，必须注意对市场供求状况及竞争状况的分析研究。

报刊营销环境，主要是指制约报刊价格策划的微观经济条件。如地理位置与地区间价格级差有关，交通状况涉及运输成本问题，供应对象涉及购买者的收入水平及报刊价位，供应渠道涉及分销系统的费用支出，销售形式涉及经营形态、批量等。

三、价格策划目标的内容

价格策划的主要目标有：利润目标、市场占有率目标、报刊形象目标、适应竞争和避免竞争目标等。

（一）扩大利润目标

扩大利润有两种途径：

1. 高价，即高利润价格。这是实现短期利润目标的手段。这个途径应具备的条件是：（1）该报刊供不应求，为卖方市场；（2）在短期内不会有更强的竞争者介入；（3）消费者能接受这个价位。

2. 平价或低价，即按一般利润或微利定价。这是实现长期利润目标的手段。这个途径应具备的条件是：（1）有充裕的资本支持，通过多销，扩大广告利润总额；（2）该报刊是买方市场，竞争激烈，必须有各种营销手段的配合。

（二）提高市场占有率目标

市场占有率的高低影响报刊的知名度和利润水平。要扩大报刊在同类报刊市场上的占有份额，就要在价格上采用薄利多销策略。

扩大市场占有率应具备的条件是：（1）有足够的潜力扩大销量；（2）图书报刊需求富有弹性；（3）可以排挤相对落后的竞争对手，能挤占市场。

（三）提高报刊形象目标

形象目标是通过"稀贵平贱"的价格战略实现的，实现这种目标有两个途径：

1. 高价。对于质量高、为某一类特定消费群所接受的报刊，可以不拘泥于实际成本而制定一个较高的价格，以维持和扩大该报刊品牌的形象。高价是理解价值的体现，能为该类消费者接受。

2. 平价。对有些报刊制定大众化价格，这种价格定位可以树立报刊价格形象以吸引消费者。这种形象的无形资产并不转移到价格内，而是通过扩大销售量获得比同行多的二次销售即广告。

（四）适应竞争和避免竞争目标

图书报刊经常与竞争对手通过比质、比价来确定价格。实现这种目标有两种定价方式：

1. 被动的跟随型定价。它一般适用于中、小型新创报刊，以避免与强势媒体针锋相对的竞争。

2. 主动的攻击型定价。它一般适用于具有较强的经济实力和人才优势的报刊，制定的攻击型价格往往具有较强的竞争性。

附录

经典案例

（一）南京的报纸价格大战

南京是江苏的省会城市，扼居南北、钳制江淮，自古乃兵家必争之地。现有人口850万人，是近年报刊市场竞争激烈的城市之一。

在南京地区出版发行的综合性报纸日发行量为130万左右。日报类报纸就是14张。全市平均每4人拥有一份报纸，居全国同类城市前列。[①] 从1999年开始，南京市以《经济早报》《江南时报》《现代快报》《江苏商报》《南京晨报》《今日商报》《东方卫报》等市场新入者与市场上老牌的生活类报纸《扬子晚报》《金陵晚报》《服务导报》等展开了一场大拼搏。为在有限的市场空间里挤占份额，各家报纸使尽浑身解数，猛打促销战役。在零售市场上体现一个"廉"字。你卖3角，我卖2角；你降至2角，我降至1角。在征订市场上体现一个"赠"字。这家推出"订一赠一"，那家实行"订一赠二"；这家开展"订报逐月赠送生活用品"，那家采取"订报一次性返还等额实物"。

[①] 数据来源于2000年新闻出版部门统计数字。

尽管有关部门及时出面协调，最终仍无济于事。

2001年2月23日，省委宣传部、省新闻出版局和省廉政办不得不再次联合发文，严肃干预此事。

1999年，经济类报纸《经济早报》进入南京人的视野。《经济早报》宣称：要在一年之内把《经济早报》的发行量推到50万份。

同年3月，有着60多年办报历史的《新华日报》改成ABC版，上市零售。同年5月，江苏省供销社主办的一份行业性报纸《江苏商报》改成综合性报纸，走向市场开始零售，16版报纸的零售价只有2角。至此，彻底拉开了南京报业价格战的序幕。据有关媒体资料宣称：短短四个月内，该报发行量最高时已逾14万份。

同年9月1日，原人民日报社《市场报》的"江南版"正式更名为《江南时报》，对开八版，零售价格仅为2角。

同年10月，新华社江苏分社的《现代经济报》改名为《现代快报》，以1角钱的报价把南京报纸价格大战推向了高潮，同时还随报赠送价值1元的股表。

同年11月，江苏市场上发行量最大的报纸《扬子晚报》全新改版，推出了ABC版，但报价仍维持5角不变。

同年12月1日，《南京日报》改成彩版，报价打折。

当月，《南京日报》下属的《金陵晚报》改为早上出报，订一份晚报送一份与报价同等价格的实物。

同年12月8日，《每日桥报》从小报改为对开彩色大报，正式推出"买一赠一"活动，即买一份《服务导报》送一份《每日桥报》。后来《每日桥报》

改名为《南京晨报》。

在众多报纸纷纷降价销售的同时，元旦创刊的《经济早报》也急忙将报价由原来的每份定价6角改为4角出售。《南京市场报》改为《今日商报》；《南京公安报》改为《东方卫报》。在接下来的时间里，仍有几家低价报纸陆续面世。

至此，南京报业市场上规模空前的报纸价格大战全面打响。南京十余家日报的价格大战形成了"0、1、2、3、4、5"的报价格局：一些报纸向订户赠送与报价等值的礼品，被称为"零角报"；《现代快报》售价1角，被称为中国的"便士报"；《江苏商报》《江南时报》2角；《南京时报》3角；《服务导报》《金陵晚报》《经济导报》4角；《扬子晚报》《新华日报》《南京日报》5角。

在这场价格大战之前，南京报业市场是以《新华日报》为首的新华报业体系，包括《新华日报》《扬子晚报》《服务导报》《每日桥报》，在江苏报业中处于无可争议的"龙头老大"地位，其发行量和市场份额居于绝对强势地位，是任何一家报纸所不能与其比拟的。第二是《南京日报》报业，下属报纸有《南京日报》《金陵晚报》，在南京报业市场上也占据着相当的优势。第三是以《江苏经济报》《江苏工人报》等为代表的报纸，一直处于相对稳定状态。第四便是《现代快报》《江苏商报》等一批新秀。

也正是由于众多"新面孔"的出现，才使得世纪之交的南京报业异彩纷呈、热闹非凡。一方面，新上市的报纸拼命想从老报纸的市场份额中切出一块"蛋糕"；另一方面，有消息称，仅《江苏商报》和《现代快报》两家低价报纸的发行量已经超过了40万份。低价报纸的出现，使南京报业市场上的"火药味"大增，大大加剧了南京报业市场竞争的紧张局势。

（二）欧洲报刊市场上的免费报纸

看报纸不收钱，天上掉下馅饼的好事在欧洲一些国家已不稀罕。这种现象在瑞典、法国等已有蔓延之势。免费报纸在瑞典并不新鲜。一些组织机构为了达到宣传自己的目的，会免费赠阅他们的出版物，但至多不过每周一期。

《地铁报》却是一周出版六天的小报，平均28～36个版不等（相当于三四张大报的容量）。提供国际、国内、当地新闻、天气预报、娱乐讯息等新闻服务。读者每天五六点钟就可以在地铁站、公共汽车、通勤（区间）火车上自行取阅。报纸完全靠广告生存。

《地铁报》在瑞典是个异类，瑞典出版业协会至今拒绝吸纳它为会员。搞新闻研究的学者也大多对它不屑一顾，认为它根本没有新闻含量。《地铁报》自己倒是很骄傲，该报1999年的年度报告中说，《地铁报》已跃居斯德哥尔摩第二大早报，仅比《每日新闻》（瑞典第一大早报）少67 000读者。他们不但在世界各地推广了他们的报纸，而且在斯德哥尔摩股市和纽约的纳斯达克成功上市。

众所周知，日报是最成熟的媒体市场，几乎各个地方都有一两张历史悠久、在当地很有影响力、经济实力也甚为雄厚的日报。新报纸要想挤占一席之地实为不易。失败者不乏先例。然而《地铁报》却凭着独特的理念不仅闯出一条路，而且打造出不小的生存空间。

哪里有最密集的人流？何时人们最有可能读报纸？

《地铁报》找到了这样一个特定又稳定的读者群——早晨，各式公共交通工具里的都市上班族。尤其是在既无街景看，又平稳行驶的地铁里。

现代都市都有无限扩张的趋势，在上班路上花半小时时间一点也不稀奇。

这时如果有一张免费报纸，既让你打发时间，又让你知天下、本地大事，你看不看？

多年前，三个原在《每日新闻》工作的记者发现了这一市场，并把报纸定位在"高质量但方便阅读"。所谓高质量，有一报在手重大新闻全晓的意思；方便阅读则是文字简单、风格轻松、服务性强。因而报纸一推出便受到欢迎。至于免费更是险招，但三个创始人却根据老东家《每日新闻》的收入30%来自订报费，70%来自广告的情况，算了一笔账。如果读者可以自己取报，送报上门的发行费便可省下，那么这30%不要也罢。事实证明，如果这张报纸不免费，哪怕用再低的价格，能达到的读者数也不如今日之众。毕竟免费是诱人的。

既然是免费的，《地铁报》对传统报纸的新闻采集、出版、发行都有着不同的诠释，核心一点就是"低成本"。它没有自己的采访记者，没有编辑部观点，没有任何剖析性深度文章。所有新闻都是从通讯社购买的，再加上一些自由撰稿人写的专栏。30版左右的报纸一开始只有5个编辑人员，其中的2人还是专门坐在电脑前，在因特网搜寻数据库，制作静态新闻。如此少的人员自然使新闻采集成本和其他报纸比简直可以忽略不计了。

《地铁报》的发行很独特。显然报纸将这个列为商业机密，笔者经多方了解得知，《地铁报》和当地的公共交通部门定下协议。报纸每天提供2个版给交通运输部门宣传用，同时还有其他优惠条件。公共交通部门则在各地铁站提供取报点，在汽车上、火车上设取报栏。据参加过《地铁报》多个城市版筹建、现任瑞典《马尔默地铁报》总编的拉尔斯先生介绍，设在地铁站的效果最好。但他们现在也在尝试到大公司、连锁的小杂货店等地放置取报点。

出版考虑到发行的需要，靠近终端市场，因而是和印刷厂签订合同，它本身没有投资建厂的包袱。这三个环节都使《地铁报》的办报成本大大降低。

分析《地铁报》的跨国经营，总使人嗅到麦当劳一类的气息。这份报纸，或者说新闻快餐有如炸鸡一样标准。12个城市的地铁报全是斯德哥尔摩的翻版。统一的版式、统一的新闻选择方针、统一的栏目设置。换而言之，以智利的《新卡斯特市铁报》头版为例，绿色的报头下，左边必是晨短新闻与专栏作者头像，左下方是一幅图表式统计数据；右边中间必是一幅新闻照。头条新闻不超过1 800个字母，短消息不得超过400个字母。整份报纸预期在20分钟读完，广告与新闻的比例为45∶55。条条款款的规定将这份新闻快餐的产品严格按照标准制作，保证你一眼认出《地铁报》，读起来感到"同一个调调"。当然也像麦当劳一样，主食标准化，"佐料"还是可以有变化的。罗马版地铁报有两版电影消息——当地人特爱看电影，斯德哥尔摩版就只有一页。这种以工业生产的态度对待新闻生产，有其高效实用的一面。

《地铁报》从1995年第一次走进斯德哥尔摩的地铁站，短短5年间已在3大洲12个城市登场。每天有880 000名瑞典人和1 355 000名外国读者享用着这道免费大餐。

无独有偶的是，2002年春季在法国巴黎面世的《都市报》和《20分钟》两份免费报纸，一创刊就遭到法国报界同盟及报业工会组织强烈反对。作为法国的老资格报纸，目前正在筹备公开发行股票的《世界报》也因此而蒙受了重大损失。由于新创刊的免费报纸的竞争，与法国其他资本化程度比较低的新闻集团一样，《世界报》因印刷报纸成本的增加而造成利润下跌。

第三章　图书报刊的编辑与出版

作为发行人，应该对报刊的编辑与出版进行全方位的了解。图书报刊的编辑与出版过程其实就是图书报刊这种特殊商品的生产过程。图书报刊的编辑、出版印刷与发行等都是一个相关联的有机体，如果发行人员对图书报刊的编辑与出版一无所知，也很难搞好报刊的销售工作。

第一节　图书报刊编辑的任务

图书报刊编辑实际上是出版传媒中图书报刊编辑学研究的内容，是研究图书报刊编辑工作规律和方法的科学。

编辑工作是多种多样的。根据传播媒介的不同，编辑工作可分为两大类：一类是与出版媒介相联系的，如书籍、报纸、刊物的编辑工作；一类是与电子媒介相联系的，如广播、电视、互联网的编辑工作。由于同类的不同传播媒介有其不同的传播内容和传播方式，因而每一种传播媒介有其自身的特性。报纸是一种以新闻报道为主体的、具有连续性的出版物。与这种传播内容和传播方式相适应，报纸编辑工作既不同于以专门知识、业务为对象，非连续的或虽然连续但是间隔时间比较长的书籍、刊物的编辑工作，也不同于以口语和视觉形象为特征的广播、电视的编辑工作。同时，各种编辑工作存在着共性，但是共性也是通过各自的个性表现出来的。

图书编辑属于编辑职业的一种，主要工作任务是根据图书市场需求策划出版选题，或者对工作室、公司等提交的策划选题进行遴选，然后根据选题要求寻找合适的编委。具体工作包括约稿、审稿、校对并组稿出版。

图书编辑人员要具有崇高的职业道德，包括无私奉献的品德、开拓进取的精神、敬业乐业的责任感和使命感、廉正奉公的精神、严谨认真的态度、一丝不苟的作风。编辑人员还要具有广博的学识和专业修养，至少熟练掌握一门外语，并不间断地学习和汲取新的知识，以适应现代编辑工作的需要。编辑人员必须依靠作者，尊重作者，与作者建立真诚的友谊。出版社要以自己的出书特色、优势和坚持不懈的工作，发现、吸引和团结作者，形成一支优秀的作者队伍。同一支优秀的编辑队伍相配合，是出版优质高效图书的基础。在工作中，编辑人员要为读者着想，注意各层次读者不同的阅读需要和阅读兴趣，充分满足读者的正当读书要求，引导和提高他们的欣赏趣味和鉴赏能力，从而在出版社周围形成一支稳定的读者群。在高新科技条件下，编辑工作手段日趋现代化，编辑人员要能熟练使用电脑，掌握电子知识，懂得使用各种软件，并注意研究解决编辑工作应用高新科技中出现的新情况和新问题。

报刊编辑工作作为一个整体概念，不仅是指各个部门的一般编辑所担负的各项日常工作，而且包括报刊社总编辑、部主任（组长）、各专门编辑（包括美术编辑、专栏编辑、副刊编辑、评论编辑、版面编辑）等所从事的编辑业务工作。

报刊编辑工作作为一个过程，贯穿着报纸编辑报道的始终，既包括报道前的准备工作，又包括报纸付印前的最后一道工序；既包括稿件的特别处理，又包括报道的全面安排；既包括稿件的选、编审，又包括报道的解释和评论。具体来讲，它的工作内容包括：制订报道计划、组织稿件、选择稿件、修改稿件、配置稿件、组织和撰写言论、制作标题、安排版面等。

与记者工作相比较，编辑工作有其自身的特点。记者处在第一线，社会的现实生活是他们的工作对象，记者的工作过程是制作稿件，产品是单个的，记者的采写工作是报纸生产过程的一个环节。而编辑处在第二线，编辑工作的对象主要是稿件，工作过程是要把别人的稿件制作成报刊，编辑工作涉及报刊生产的许多环节，它的产品是个"集合体"。

由此可见，编辑人员在图书报刊的编辑、出版过程中有着举足轻重的作用。这里着重从报刊的角度讲述编辑的任务。

一、报刊编辑的任务

报刊从稿件采写、编辑部编发、出版部门安排、印刷厂印刷到报刊发运、销售等是一系列的有机体。报刊的编辑过程是报刊生产的重要环节，是报刊生产的基础与核心。

报刊的出版任务是需要靠全体办报人员的共同努力实现的。作为报刊工作的一个组成部门，编辑工作在完成报刊总任务的过程中，担负着自己的特定任务。编辑工作的特定任务最主要的就是对报刊内容和形式进行总体设计，并通过稿件的选择、修改和编排来组织实施，最后把好的内容，运用好的形式，组成好的版面奉献给读者。

编辑工作要为报刊的整体负责，因此，编辑工作的好坏，就会直接关系到报刊的质量和宣传效果。也可以说，一张报纸能够给予人民政治上、思想上以及其他各方面什么样的影响，报纸编辑人员与报社其他工作人员相比，应负有更加重大、更加直接的责任。从一定意义上说，报纸的水平决定于编辑工作的水平。

二、报刊编辑的战略方向

在当代激烈的报刊市场竞争中，确定什么样的办报方向是非常重要的。在报刊编辑出版中，这些战略方针主要是由编辑特别是有决策权的编辑或领导确定的。报刊从创办之日起，就必须有明确的编辑方针，编辑方针是办报方针在编辑工作中的具体体现。办报方针规定报纸的性质、立场、指导思想和宗旨。编辑方针是根据办报方针以及实际状况对报纸的内容和形式所作的总体设计，是编辑报纸所应遵循的基本准则。制定编辑方针是编辑的重要的战略决策。

编辑方针的制定包括以下几方面内容：

1. 确定报刊的读者对象。读者因年龄、性别、民族、职业、地区、文化程度等方面的不同，而分成不同的读者群。每一读者群对报纸的需求是不相同的。任何一张报纸都不可能以所有读者群为自己的读者对象，而只能有所选择。制定编辑方针就要确定本报以何类读者群为自己的主要读者对象，何类读者群为兼顾的读者对象，确定一个合理的读者结构。

2. 确定报刊的内容。根据办报办刊方针和确定的读者对象，对报刊基本内容作出明确的划定。其中包括报道范围、报道重点、各版的内容配置以及通讯社稿件的选用比重等。

3. 确定报刊的水准。报刊的内容可以是比较通俗的，也可以是比较专门的；可以侧重于普及，也可以侧重于提高，或以普及与提高相结合。制定办报办刊方针，就要对报刊的水准的层次作出明确的规定。

4. 确定报刊的风格。报刊的风格是报刊的内容和形式所表现的总体特色。报刊的风格可以有多种类型，如严肃的、活泼的、谐趣的、鲜明的、含蓄的，等等。适应不同的办报办刊方针和读者需求，编辑方针应规定报刊特定的风格。

编辑方针要有相对的稳定性。稳定的编辑方针是创造报刊特色的重要保证。因此，编辑方针的确定要慎重，一经确定则不要轻易改动。但是，在客观形势发生变化，或在实践中证明编辑方针不可行时，需要对编辑方针做出局部调整和变更。而在调整和变更之后，仍要保持它的相对稳定性。

编辑方针确定后，在实施过程中要积极听取各方面意见，在大的方针指引下不断地修正。尤其是要认真对待和听取来自读者、销售商等基层市场的反馈信息。

三、编辑是报刊出版的关键环节

任何报刊的出版，都是通过编辑的"再创作"完成的。编辑通过自己辛勤的工作，可以使用特有的编辑手段，如对标题的升华、导语的提炼、内容的丰富及版面的合理安排，使报刊以全新的形式面向读者。

一篇报道从采访、写作到见报，是一个反复酝酿、构思、修改的过程。这个过程需要作者和编辑共同参加，而编辑工作则是处在这个过程的最后一关。通过编辑工作这一关，稿纸上的东西就要变成报纸上的东西，作者的东西就要变成读者的东西，写作过程的劳动就要转化为社会效果。因此，最后组成一张什么样的报纸与读者见面，是报纸整个工作的关键，而这正是由编辑工作所决定的。可以这样说，在很大程度上，编辑就是报纸向读者输送什么样的精神食粮的决定者。编辑工作的这个特性，决定了编辑的主要职责之一就是把关。

把关，不仅是一种阻塞，阻塞坏的、错误的东西；而且也是一种开导，开导好的、正确的东西。由此可见，编辑对稿件既能开红灯，也能开绿灯，也就是说编辑握有稿件的取舍权。

编辑对稿件的最后取舍，要求直接体现出报纸的报道方针。因此，编辑不能根据个人的爱好，随意滥用稿件的取舍权，而要遵循报纸的报道计划和实际状况来进行稿件的取舍。每个编辑每天要看几十件甚至上百件稿件，如何从中选出可用的稿件，不能只是孤立地根据单篇稿件的内容来做出决定，而要把稿件中反映的事实放到现实生活的全局来衡量，经过周密思考，才能判断选用什么样的稿件是当前最需要最有意义的。因此，编辑工作必须从整体出发，纵观全局，根据党的路线、方针和政策的精神，结合社会的客观需要，来判断和比较各种稿件，确定所采用的稿件以什么方式发表，以及各自在版面中处于什么地位等。

稿件取舍的最后抉择，要在稿件流通的全部过程中才能完成。编辑部每天收到大量的稿件，而报纸版面的容量是有限的，不可能把所有的稿件都反映到版面上来。经过编辑选取的稿件，不一定都能见之于版面，因为还要经过部领导，直至总编辑的审读。他们根据国内外形势的变化和实际工作中出现的新情况，再次权衡比较进行取舍。各种稿件的用与不用，一直到版面编辑组版时，还有待根据稿件和篇幅容量的关系，以及临时发生的重大情况进行必要的调整和改动。所以，在稿件流通过程中，始终有一个不断选择、舍弃的过程。也就是说，编辑工作又是一个"再创新"的过程。因为不管来自何方的稿件，对于稿件的作者来讲已是成品，而对于报纸编辑来讲，它仍然只是新闻的素材，可以说是半成品或原料。这和记者的素材有不同的含义。记者的素材，是指采访所得的未成文的第一手材料；而编辑的素材，是相对一份报刊而言的。也就是说，最后的新闻成品就是指已经付印的报刊。在从新闻素材到报刊的形成过程中，编辑的绝大部分劳动始终不能离开原稿的事实。这种劳动是在作者提供的材料基础上进行的，无论哪一道编辑工序都是如此。选稿、改稿自不必说，标题是新闻事实的精华的集中与概括，即使是版面，也是根据稿件的内容来进行设计的。

记者、通讯员所写的大都是单篇分散的稿件，每一篇稿件一般只是反映现实生活中的一个镜头。编辑"再创作"，首先就是要把这些分散的稿件组织起来，使它们成为一组相互联系的稿件群、一个统一的版面、一个统一的报道，从而有可能使读者看到的不只是现实生活的一个个镜头，而是一幅比较完整、统一的生活画卷。然后采取各种编辑方法，使作者发出的信息能够引起读者的注意，能够便于读者阅读，能够为读者所理解，从而最终为读者所接受。

第二节 图书报刊的版面

版面的含义是指印刷好的书报杂志页张，包括图文、余白整个部分。图书版式设计是指出版物版面的排列格式及其设计。包括了出版物的封面设计、扉页版式设计、前言版式设计、目录版式设计、内页版式设计等。随着社会的发展与科技的进步，现代视觉传达设计中，版式设计的概念有了进一步的创新与衍生。在视觉传达设计概念中，包含了图形平面文告、招贴、包装、卡片以及网页的版式设计等。好的图书版式设计具有艺术效果的作用，美观悦目，能方便阅读，更好地理解内容，加大社会影响力，促进发行。

版面是报刊编辑从美学的角度出发，按照所排版内容的重点程度进行编排布局的整体表现形式。报纸与刊物的版面有其相同的方面，但又不存在很大的差异性。一般情况下，图书的版面主要表现在封面、封底的设计上。随着时代的变化，内页的设计也在不断变化。报纸不进行装饰，版面是直接面向读者的，所以，报纸版面的表现形式是否吸引人至关重要。报纸是否可读、易读、耐读等，版面在一定程度上起了很大的作用。

刊物与书籍的编排相似，一般由封面与内页组成。一般情况下，刊物的封面艺术性要求更强。这里着重从报纸角度讲述版面编排。

一、版面的编排方针

在我国，报纸的编排形式长期受书籍的影响。古代的报纸在幅面大小、编排形式上与书籍并没有什么两样。即使是近代报纸，虽然报纸的幅面增大，但是在初期，它的编排形式依然没有脱离书籍的模式。版面只是简单地排列新闻，既无字号、字体的区别，也无分栏的变化，报纸版面只不过是书籍的版式的放大。

在这个时候，版面的能动作用是有限的，它只是求得编排的秩序，使人阅读时不至于发生技术上的困难，不费目力而已，人们还不能从版面的编排了解内容。这样的版面，排印工人就能顺带完成，版面还没有成为报纸的一种具有独立性的工作。这种情况一直到20世纪初才有所突破。版面开始讲求明显醒目。字号、字体和栏都有了变化。这时，重要的新闻和一般的新闻在版面编排上才有了明显的区别。版面开始成为传达内容的一种手段。版面的能动作用才真正开始显示出来。也就在这种情况下，版面工作才可能成为报纸工作中一个不可或缺的组成部分。

版面在安排各类稿件时，绝不是不顾内容、随心所欲地进行拼凑，而是对各类稿件的内容做出确切的评价，然后赋予它们最恰当的形式。因此，在版面编排中，客观的内容和主观的认识是综合在一起的。读者透过版面，可以感受到报纸对各类事件的态度和感情，并自觉或不自觉地受着这种态度和感情的牵引。这是由于报纸的发言是通过几种途径传达给读者的：第一，通过稿件（包括文稿与图片）的内容、标题把意思直接表达出来。这是表达意思的主要方法。第二，通过稿件在版面中的不同地位来表达稿件的不同意义。版面中的不同地位是由标题的大小、位置的主次、与其他稿件的不同组合等来显示的。同一篇稿件，由于版面中的位置不同，给人的印象就很不一样，甚至截然相反。第三，通过各种编排手段的运用，来强调某种特定的意义或表达特定的感情，以增强稿件内容的表现力和感染力。如运用花线、装饰、套红渲染、烘托即日报道的快乐感情。

版面的作用主要有以下几个方面：

（一）版面最先对读者产生作用

由于读者最先看到的是报刊的版面，所以容易在最早阶段形成阅读时的最初印象。读者看报纸虽然想看的是报纸内容，但引导读者去选择内容的首先是版面。因为报纸登载的主要是以文字符号组成的新闻和其他各类文章，而文字符号具有线条性，一行一行依次阅读才能了解它所包含的意思，需要有时间的推移过程。因而读者在用相当的时间进行一行一行阅读之前，对报纸内容是不清楚的，不可能根据内容去进行选择。而版面是展开的，一览无余，可以迅速被读者了解什么是最重要的，什么是比较次要的，从而帮助他做出阅读的选择。一条在编排上很突出的稿件，往往容易先引起读者的注意，然后才是通过标题的提示，了解新闻的内容。如果内容是他感兴趣的，他才可能真正去阅读新闻的具体内容。一条即使内容很重要，写得很精彩的新闻，如果放在内页的不重要位置，也可能因无法引起读者的注意而被埋没。

（二）版面是引导读者阅读的手段

报纸是给广大读者看的，报纸的一切作用都要在读者阅读之后才能产生，没有读者的报纸是无效的报纸。因此，怎样帮助和吸引读者来阅读报纸，使他们打开报纸就乐意去读，并且一直很有兴趣地读下去，是报纸工作的一个重要课题。这自然需要报纸工作的各个环节的努力，需要完善各种新闻手段，而版面就是其中的一个重要方面。

报纸的内容纷纭繁复，包罗万象。报纸的体裁、形式也多种多样：有报导事实的新闻，有说理的论文，有刻画人物的文学；有文字，有图片；有三言两语，有鸿篇巨制；有逐日的连载，有成组的集纳。各稿件以其内容和形式上的不同特点而相互区别，又以其在内容和形式上的某种共同的东西而相互联系。一般报纸至少有四版，一个版又有若干栏，稿件之间的不同特点就可能因此而被淹没，稿件间的相互联系也可能因此而被分割。报纸就会显得混乱芜杂，阅读就会产生困难，更谈不上引起读者的兴趣；相反，如果按照稿件间的相互联系，分门别类，分别主次地将有关稿件相对固定在一个版，并恰当地安排在版上的一定位置，使稿件间的特点和联系都清晰地表现出来，做到主次分明，眉目清楚，就会使读者找起来容易，读起来方便，而且能更好地认识稿件的内容和意义。

一个好的版面不仅能使读者很顺利地读下去，而且能根据文章的不同特点，创造优美的形式，形成特定的气氛，从而激发读者的美感情绪，使读者饶有兴味地去阅读内容。

（三）版面风格的品牌效应

图书报刊的读者效应很大程度上是通过版面特有的风格形成品牌后，逐步积累形成的，也就是说每个图书报刊作为个体都应有自己的个性，只有这样才能与其他报纸区别开来，满足读者多方面的要求。个性不仅表现为内容的独特性，也表现为形式的独特性。因此，读者拿到图书报刊，就会映射出一个品牌印象。特别是报纸，即使不看报头，只要一瞥版面，也可以毫不犹豫地认出这是哪家报纸。然而，版面显示给读者的不仅仅是形式的独特性。形式的独特性不是无源之水，无根之木。形式的独特性是受内容的独特性制约的。版面的个性正是报纸内在个性的外在表现。人们浏览报纸版面，在看到形式上的独特性的同时，也会感受到内容的独特性。

二、版面的艺术

报刊版面的编排要讲究艺术性。要在色彩的运用、构图的设计、线条的运用等方面下功夫，才能达到好的效果。不同的字符、图像、线条和色彩作为编排手段具有不同的特点，会给读者带来不同的阅读效应，并产生不同的阅读心理。

（一）字符的运用

图书报刊传播的主要符号是文字。汉语的每个字是一个字符。字符是形、音、义的统一体（少数汉字只有字形、字音而没有字义）。汉字的每个字符的"形"，是由点、横、竖、撇、捺等笔画构成。每个字符是用"形"通过"音"来表达"义"的。字符的"形"可以具有不同的外部形式，如不同外部形式的字符在字义上并无任何区别。但是，在图书报刊的版面编排中，字符的"形"的不同外部形式可以给予读者不同的心理感受，因而是表现编排思想的重要编排手段。

在报纸排印过程中，字符可以有不同的物质载体。目前我国大多数报纸开始采用先进的计算机激光报纸编排系统，光代替铅字成为字符的物质载体。虽然排印过程中的物质载体有所不同，但是最终表现在报纸上的字符都是相同的。

活字有不同的字号和字体。我国活字过去一般是采用号数制，以不同的号数来表示字号的不同大小。号数越大，字号越小，但标准并不统一。1958年6月10日，文化部出版事业管理局为了统一活字的标准，公布了《关于活字及字模规格化的决定（草案）》。规定我国活字采用点数制。1点（俗称"磅"或"标"）为0.35毫米。目前我国报纸上一般采用的最小字号为7点，最大字号为72点。正文一般采用9点或10.5点的活字，即号数制的新五号和老五号字。

我国图书报纸活字一般常用的字体有：宋体（老宋体、普体、白体）、楷体（手写体、活体、正体）、仿宋体（真宋体）、黑体（方头体、粗体）等。有时为了美化版面，根据稿件内容的特点，标题字还采用一些其他字体，如牟体、黑变体、隶书体等。其中一些字体又有方体、长体、扁体之分。

计算机激光报纸编排系统内存若干字体、字号，可以组成更多的字形。但基本的字体、字号依然是上述几种。一般来说，大号字要比小号字醒目。同一字号中，黑体字要比其他字体醒目。因此，大号字要比小号字更具有优势。版面上稿件的重要性往往就是通过标题字号、字体的不同优势来表现的。有时特别重要的稿件的正文也可采用较大的字号，以强调其重要性。比如，正文通常是用新五号字，特别重要的稿件可改用老五号字甚至小四号字。但这

085

样做，所占的篇幅就比较多，因此一般不宜常用。另外，各种字体具有的风格色彩不完全相同。宋体字端方正直，比较庄重；黑体字粗犷厚实，比较雄浑；楷体字流动自然，比较活泼；仿宋或长仿宋纤细秀丽，比较轻巧；隶书体古朴飘逸，比较典雅。在运用标题的字体时，就需要根据稿件内容的特点相应采用不同风格色彩的字体。

（二）图像与线条

图像不仅可以传递信息，而且由于它是展开的、形象的，读者看见图书报刊就能直接、迅速地感知它，因而图像是构成报纸形象的重要组成部分。图像与字符相比，在吸引读者注意，增强版面强势，以及美化、活泼版面方面具有更大的优势。图像，特别是具有动态的、大幅面的图像，往往是版面的视觉中心。重视图像已经成为当今报纸改革版面的一个趋势。图像的具体形式有：照片、绘画、刊头、题花、题饰等。

线条是除字符、图像以外用得最多的版面编排手段之一。线条有水线、花线、花边几种。水线又可分为正线（细线）、反线（粗线）、双正线（两行细线）、双反线（两行粗线）、正反线（两行线，一粗一细）、导点、点线、曲线等。花线是刻有各种花纹的铅线。花边与花线在式样上并无什么不同，只是铸成活字形，可任意组合。有时也把花线、花边统称为花边。

线条在版面中可以显示不同的作用，归纳起来有以下几个方面：

1. 强势作用。重要的稿件可以借助线条使其突出。比如，给整篇稿件加框、天地线，或在文内的行间加水线，则稿件就会因与其他稿件在版面处理上的不同，而显得突出，从而更引起读者的注意。

2. 区分作用。在稿件与稿件之间加以线条，就能使稿件清楚地区分开来。

这种区分，不仅可以用来表示稿件与稿件之间的分界，避免错觉，以便于阅读；而且可以用来表示稿件与稿件之间内容上的区分。

3. 结合作用。几篇稿件如果给它们围绕、勾线，这几篇稿件的关系就会显得更紧密，同时与其他稿件更清楚地区分开来。因此，读它们时，就会自然把几篇稿件结合在一起，看成一个统一的、区别于其他稿件的整体。专栏之所以要围边、勾线，就是这个原因。

4. 表情作用。各种线条由于形状不同，风格色彩也不相同。一般来说，花线、花边比较生动，水线则比较朴实。各种水线的风格色彩也不相同，如曲线比较活泼，而反线（黑边）则比较深沉。因此可以利用不同的线条来表达稿件不同的感情色彩。比如，喜讯、好人好事的报道，比较谐趣的报道，饰以花线、花边；讣告性的新闻饰以黑边，这样能使内容的特征通过编排形式生动地表现出来，更好地感染读者。应该注意的是，正因为各种线条有一定的风格色彩，因此运用线条必须根据稿件的内容来决定，不能滥用。比如，一般性报道、批判或揭露性的报道、反映困难情况的报道、能引起人们哀痛情绪的报道，就不宜加花线、花边。

5. 美化作用。版面适当运用线条，可以使整个版面增加变化，显得比较生动。花线、花边具有一定的造型美，对于版面也能产生装饰的审美效果。

线条运用得最多的是加框和勾线。加框和勾线虽然都有上述几方面作用，但情况不完全一样。一般来说，加框所起的以上几方面的作用要比勾线更强些，因此对内容的要求也就更严格。

（三）色彩的运用

版面的另一种编排手段就是色彩。报纸通常是采用黑色。随着科学技术的进步，报纸版面的色彩增加了。不仅有了套色，而且有了彩色。在版面上适当运用色彩可以使版面增加特定的气氛。比如，将一些祝贺重大节日的报道、欢庆胜利的报道套印红色，则更能显示节日和胜利的欢乐。如果对全版中局部套色，这个局部就可以因与其他稿件在色彩上的强烈对比而显得分外醒目。因此，套色是突出重要稿件的一个有效方法。另外，套色或彩色印刷可以使版面由于色彩上的变化而更加绚丽，从而取得一定的审美效果。

这里需要特别强调空白的作用。对于版面来说，空白可以说是一种不着色的色彩。在标题的四周或文、图的四周留有适当的空白，可以形成鲜明的黑白对比，从而使文与图显得分外突出，引人注意。那种把空白看作是版面中多余的东西，是版面的浪费，是不正确的；那种认为要突出一篇稿件，就需要把版面空间塞得满满的才能够引起读者的注意，也是片面的。版面中的文与图是实，空白是虚，实与虚既是相互对立又是相互依存的。没有虚，就无以显实，有虚才可以衬实。因此，空白不是真正的一无所有，而是实的另一种表现形式，是编排的一种强有力手段。

（四）版面的美化

如何使报刊的版面变得赏心悦目，然后吸引读者去更好地阅读内容，版面的美化就显得特别重要。

首先，构成版面的材料，如字体、图片、线条、装饰等必须是美的。一幅优美的图片、一个好看的题衬、一个漂亮的刊头，往往能使版面生色；相反，如果这些都非常粗陋，就必然影响整个版面的审美效果。因此，对于版面中所使用的各种材料必须精心设计、精心选择。有时报纸为了一个刊头的题花而去请美术家精心帮忙，甚至为此公开向社会发起征集运动，不是没有道理的。

此外，整个版面的布局结构都要符合审美要求。光材料好，整个布局很不讲究，任意排列，也不会使人产生美感。就如同房间里的各种家具都很精美，但乱糟糟地堆放在一起，不会使人产生美感一样。

版面的布局结构要美，必须做到变化与统一相结合。版面有变化，才有生气，才能避免呆板、老套；同时又要注意统一，即要有相一致的方面。没有统一，变化就会与杂乱失去界限。因此对于一个美的版面来说，变化和统一是紧密相连的。在变化中贯穿着统一，在统一中包含着变化。

三、版面的形式与类型

图书报刊的版面表现形式多种多样，其类型也是多种多样的，这里只做简单的介绍。

（一）报刊图书的版面形式

图书的版面一般以 32 开居多，也有 16 开或更大、更小的特型开本。

现代报纸的篇幅大小基本有两种：一种是对开，一种是四开。不论对开报纸或四开报纸，每张报纸一般都分为四个版，少数的分为两个版，每种报纸由于张数不同，版有多有少，少则四个甚至两个版，多则几百个版。表示各个版的先后次序的是自然版序。报纸表现自然版序有两种形式：一种形式是报纸每一张单独折叠，独立安排自然版序，报纸各张的自然版序相接。以每日出版两张的报纸为例：第一张报纸的外页为第一、四版，内页为第二、三版；第二张报纸的外页为第五、八版，内页为第六、七版。另一种形式是各张报纸重合折叠，依次安排自然版序。仍以每日出版两张的报纸为例：第一张报纸的外页为第一、八版，内页为第二、七版；第二张报纸的外页为第三、六版，内页为第四、五版。

自然版序并不是重要程度上的序列。表示各个版的重要程度的是版序。在报纸的若干版中，必有一个版是最重要的，用以刊登要闻，一般称为要闻版。读者看一版接着看才去翻阅其他版，这样也比较方便。第一版作为要闻版。但是，正因为版序主要是根据阅读的习惯来确定的，因而也不是绝对不能改变的。比如，英国《泰晤士报》进行改革，才将第一版用来刊登新闻。

除了要闻版外，其他各版哪个比较重要？我国报纸一般只有四个版，这个问题并不显得很重要；而外国报纸经常是几十个版，甚至几百个版，读者看报的选择余地很大，很多读者往往不可能浏览每一版，因此，里页的版序也就显得比较重要。据美国新闻学者认为，右边的版优于左边的版。按第一种自然版序形式来说，即第三版优于第二版，第五版优于第四版，以此类推。理由是读者看完第一版，翻页之后，视线自然首先落在第三版上，其次是第二版。因此，他们把转版的材料都放在第二版、第四版这些相对来说强势较弱的版。这种意见也是值得我们安排版面时参考的。

既然要闻版的地位优于其他版，因此，怎样充分利用要闻版，是一个十分重要的问题。一般来说，最重要的新闻应该放在要闻版。因为版序只是表现强势的一个因素，表现强势的还有其他因素。但这一点是应该肯定的：同一版位，在要闻版要比在其他版重要。如果标题大小等其他情况不变，放在其他版上的头条地位，也不如放在要闻版的一般位置更为突出。但是，要闻版毕竟只有一个，如果需要放在要闻版的重要稿件很多，稿件的数量和版面的容量就会发生矛盾。在这种情况下，就需要采取以下几种办法来解决：

1. 文转其他版。这样做的好处是，既突出了稿件的重要性，又可少占要闻版的篇幅；缺点是阅读一条新闻要翻页，不太方便。因此，十分重要的稿件最好不转版。

2. 题在要闻版，文在其他版。采用这种方法，文章在要闻版占据的版面更少，但阅读不方便，编排上也不容量处理，通常都需要加框，否则会与其他稿件相混淆，因此这种方法很少采用。

3. 全文刊登其他版，摘要登要闻版。重要而篇幅又比较长的文章，采用这种方法合适。既可节约要闻版的篇幅，又可使一些无法看完长文的读者也能从摘要中了解文章的主要内容。

4. 增加出版其他版的报纸。如日报除了出上午版以外，增出中午或下午版。这样就等于增加了一个要闻版。报纸特别是地方报纸有时会碰到这种情况：连日有重大国内外大事，都需放在要闻版，而本报也有重大的稿件（如重要的典型报道）需要及时发表。如果将这些稿件和国内外重大事件的报道放在一个版，则无法突出，压一段时间再发，又会失去时效。在这种情况下，就用增加中午或下午版的办法来解决。

（二）版面的类型

每一种报刊的每一个版面，由于表现的内容不同和对内容的评价不同，因而在运用版面空间、编排手段和版面的布局结构时，变化多端，互不雷同。正是版面形式的这种变化，才有可能使读者对内容有新鲜的直感，才可能使读者在一瞥中就把今天的报纸和昨天的报纸区别开来。但是，这并不意味着版面形式根本不存在共同的特征。形式受内容的制约，但形式有其相对的独立性。版面这种表现内容的形式，在漫长的发展过程中，呈现出其多样性。

正是在这种多样性中，表现形式上有共同特征的因素逐渐凝聚在一起，形成了相对独立的版面类型。这里所讲的版面类型是从版面结构形式上划分的。

1. 规则对称式版面

规则对称式版面的主要特征是讲求版面的左右对称。对称的形式是工整的、完全的，是一种同形的、质量的对称。这种版面以版面的垂直的均分线为中轴线，左右两侧安排对称的稿件，稿件的长短和标题的大小完全相同。

规则对称的优点是匀称、整齐。一组内容上有关联的稿件，如采用规则对称的编辑方法，也有助于揭示稿件之间的内在联系，取得比较好的效果。规则对称的缺点是形式对内容的限制较大。报纸的稿件在内容和意义上是不可能相同的，因而篇幅的长短、标题的大小往往很难完全一致，而规则对称要求对称的双方是同形的、等量的。

2. 非规则对称式版面

非规则对称式版面的主要特征不只是讲求版面的左右对称，而是讲求整个版面的对称。对称的形式是不工整、不完全的，是一种异行、不等量的对称。非规则对称由于不拘泥于左右对称，不拘泥于对称的同行、等量，在对称中有变化，变化形成对比，对称和对比相结合，因而均匀而生动。这种版面适应性也较强，它能使不同的稿件在版面上表现出不同的强势，又能使整个版面取得均衡，所以非规则对称是目前我国报纸采用的一种主要编排方法。所谓对角对称，就是利用版面四个角的对应关系来进行对称。如分别把"上左"和"下右"、"上右"和"下左"对称起来，或者把"上左"和"下右"、"上右"和"下左"同时对称起来，以求得版面的均衡。对角对称这种形式比较灵活，首先它对内容没有很多限制，一般情况下，各种内容的稿件都可采取对角对称的版面形式。其次，它是在四角进行对称，比之左右对称可以有更多的变化。在非规则对称中，对角对称又是采用得最多的一种。上下对称是指利用版面上半版与下半版的对应关系来进行对称。例如，上半版、下半版均放通栏题，或上半版放通栏题，下半版辟专栏，等等。

第三节　图书报刊的出版

图书报刊从采编到出版印刷的整个过程中，从编辑完毕到印刷前的准备工作都非常重要。一般情况下，图书报刊单位都设有出版部，专门负责印刷出版工作。出版时效与出版质量对图书报刊的发行起着重要的作用。

一、图书报刊出版的任务

报刊出版是负责报刊从采编到印刷整个流程的协调部门，是承前启后的中间环节。报刊出版的具体任务为：

（一）负责编排系统的设置与维护

现代图书报刊在编排过程中大都实现了计算机操作、无纸化办公。所以，图书报刊的编排程序软件的设计与开发非常重要，使用什么样的软件系统，造成编排的艺术、时效等有很大的差异性。目前国内设计比较好的编排软件有北大方正、华光等系统。在大多数报刊社里，采编人员基本实现了每人一台电脑的配置，因此对电脑的维护与检修也是出版管理部门的一个重要任务。

（二）负责对图书报刊的录入排版工作

在出版社、报刊社里，有些稿件的录入是由记者、编辑完成的。一般情况下，报刊社出版部门都配有专门的编排设计人员。负责编排的设计人员应根据版面的内容，对版面进行综合处理，设计出美观大方、吸引读者的版面。

二、报刊出版部门对版样的要求

完成设计版面的准备工作以后，就可以着手画版样。版样是具体体现编辑的组版意图的蓝图。版样确定后，活版车间就可以根据这张蓝图进行拼版工作。

版样一般是画在旧报纸或版样纸上。版样纸有两种：一种与报纸版面大小相同，上印有基本栏和代表每个活字的符号；另一种是根据报纸版面按比例缩小的，上印有基本栏和以五行或十行为单位的横线，旁边印有行数标志。画版样一般是按照如下次序进行的：

1. 先安排重要稿件，后安排次要稿件。重要稿件是版面的主角，它安排在什么地位关系特别重大，因此，要优先安排。重要稿件安排好了，其他稿件的安排就可以适当灵活一些。

2. 先安排长稿件，后安排短稿件。长稿件所占篇幅较大，不易变动，短稿件所占篇幅比较小，可以"见缝插针"。因此，先安排好长稿再安排短稿，就比较方便。

3. 先安排辟栏、专栏、围框新闻、图片，再安排其他稿件。因为辟栏、专栏、围框新闻、图片在版面上都是以比较方整的形式出现的，它不能被其他稿件穿插，如果放在最后安排，可能会因没有合适的位置而难以处理。

4. 先安排版面的四角，后安排版面的其他部位。四个角安排好了，等于压住了版面的"阵脚"，再来安排其他稿件就比较容易了。

画版样要求准确、清楚、迅速。准确就是所画的版面大小和稿件的实际篇幅相符。如果两者相差很多，拼版就不可能。清楚就是要把组版意图、包括各个细节都在版样上交代清楚，使拼版工人一看便明白。比如，每一稿件所占的位置要注明标题（只要写主题或标题摘要即可），转接情况要交代清楚，题文关系要画得明白，等等。报纸很讲求时间性，延误了出版时间，晨报就会变成晚报。因赶不上汽车、火车等发运飞机的班次，读者收到时甚至可能已变成隔日的报纸，而有些版（如要闻版、国际版）的截稿时间又比较晚，留给画版样的时间并不是很多，这就要求版样还要画得迅速。因此，就需要编辑有敏捷的思想、熟练的技巧，否则要做到迅速是不可能的。

三、报刊出版的几个技术问题

（一）题文与转接问题

标题与文章在版面中是排在一起的，因此，要注意标题的栏宽与文章的栏宽的关系。有的题文关系容易结合，有的则不容易结合。如果结合不起来，就会造成拼版时的困难。

文章在版面中经常需要转接。转接自然，合乎阅读习惯，就能便于读者去阅读内容；相反，就会使读者在阅读过程中产生困难，甚至"迷途而返"。所以，可读、易读，应该是转接时要遵守的基本原则。转接有两种：一种是栏的转接，一种是版的转接。

栏的转接要注意以下几点：

1. 不能跳栏。即不能越过一栏而转入另一栏。

2. 不能逆转。栏的转接由左至右（横排），而不能反过来由右转到左。

3. 转到另一版的文字不宜太短，太短不易找寻。

4. 转的地方最好是文章告一段落的地方。这样读者正好利用这个自然的停顿去翻页，接着阅读就比较顺当。如果这样做有困难，至少应该在一句话结果以后转，而不要一句话还没有完，中途进行转接，那样会因翻页割断文意。

5. 不能翻转。要闻版是最重要的版面，其他版的文章不能转入要闻版。

（二）伸缩问题

在画版样过程中，版面提供的空间与稿件的实际篇幅不一致是经常发生的。由于临时的增删或画版样时计算不准确，在拼版以后，也可能发现两者不一致的情况，这就需要进行必要的调整。如果文章内容大于版面容量，可以相应采取压缩的方法。具体做法有以下几种：①删节原文。②删节或抽去毗邻的稿件，以腾出版面位置。③压缩标题的行数，如去掉引题、副题，或减少副题的行数。④采用抽条的方法，减少横题的空白；但要适当，标题过挤，会影响版面美观。竖题一般不宜采用抽条的方法，因竖题抽条，则全篇都要拶文，费工费时。⑤将文字的段落合并，以减少段落后面的空白。⑥将部分标点由全身改为半身。

如果调整的幅度比较大，可以采取前三种方法来解决；调整幅度不是很大时，除了可以采用前三种方法外，还可以采取后三种方法来解决。

如果文章内容小于版面容量，则可以相应采取增加的办法。具体做法有以下几种：①增补原文。②增发短小的稿件，这样既能解决文章内容小于版面容量的矛盾，又能使版面的内容更丰富。③增补毗邻稿件的文字，以缩小版面空间。④增加标题的行数，如增加引题、副题或副题的行数。⑤用加条的办法适当加大标题上下（横题）的空白。⑥将文字多分段落以增加空白。

文内铅条不宜加减，否则行距不一，有松有紧，既不便于阅读，也影响版面的清晰和美观。

（三）栏和栏序

版面上的划分是无形的，即不直接表现出来，它只是读者阅读心理上的一种划分。直接表现于版面上的划分是栏。

报纸的每个版面都划分为若干栏。横排报纸的栏是自上而下垂直划分的，每一栏的宽度相等。一个版面按几栏分版是相对固定的。这种相对固定的、宽度相同的栏称为基本栏。一个版应该划分为几个基本栏，决定了这种划分是否有利于读者的阅读，是否有利于版面的编排。分栏过多，使基本栏过窄，阅读时视线移动频繁，容易造成眼睛的疲劳；分栏太少，使基本栏过宽，则阅读时容易产生错行的现象，影响阅读的效率，甚至影响对原文的理解。一般说来，对开横行报纸的版面采用六至八栏是比较合适的。至于到底是采用六栏、七栏还是八栏，还要看报纸的内容和特点。如果报纸的短小新闻较多，版面应以活泼为其风格的基调，则采用八栏比较合适，因为八栏制的版面要比七栏或六栏制的版面更富于变化，短小新闻处理起来比较容易，也显得比较活泼。如果报纸的长稿较多，报纸版面应以庄重为其风格的基调，则采用六栏或七栏的比较合适。

版面除了采用基本栏之外，有时还采用变栏。所谓变栏就是以基本栏为基础而生化出来的栏。变栏有两种：一是长栏，即宽度是基本栏的整倍数的栏，如两栏、三栏等；另一种是破栏，即宽度是基本栏的非整倍数的栏。破栏可以大于基本栏，如三破二、五破二等；也可以小于基本栏，如二破三等。目前我国对开报纸采用的都是八栏制，基本栏已经比较小，所以小于基本栏的破栏用得很少。

第四节 图书报刊的印刷

图书报刊的印刷在整个图书报刊生产过程中是十分重要的。它是从生产进入流通的最后一个关口。图书报刊印刷的硬件设置、印刷时效及质量，对图书报刊的发行影响很大。

一、印刷设备的定位

图书印刷的精美程度对于扩大市场读者的认知度，提高市场占有率具有重要作用。报刊的印刷质量对广告市场抱有怎样的期望，以及更重要的市场、广告商、读者和印刷客户对报刊抱有怎样的期望。特别重要的是要考虑到媒体的竞争因素。

有关需要买什么设备和厂址应该设立在何处的决策，是报社在管理上所面对的最重要的长期策略决策。这种决策会影响到报纸在市场上的地位、在竞争中的态势，以及若干年后的运作状况；也会影响某些应用方面的现代化进展和扩充计划。

因为存在这些原因，所以必须仔细选择设备，而且选择设备的进程必须尽早开始，这些都是极端重要的。准备正确的规范说明，及对不同供应商的来货进行评估，这些工作本身会占据大量时间。在这个过程中，如果印刷、发送、纸张贮存、印版制作等工作，可以根据一套通用规范，当作一个相互联系的生产系统来进行策划将非常有利。这样能清除市场上最常见的问题，即印刷工作与邮寄室工作相互制约、互相限制，使潜力不能最大限度地发挥。

这个指定生产系统的设计必须能容忍一定程度的干扰。各种干扰因素必须尽早得到考虑，而且紧急生产的特别安排也必须考虑在内。

由于更换机器设备的工作项目一般需要较长的时间，报纸印刷厂都不具备进行这类项目的能力。设备更换的间隔可达二十年，而经理人员的经验不可能包括现代生产技术的发展。

一般需要1年的策划，才能成功地设立新的组织，以及为拥有更高自动化程度的印刷厂训练出能负责任、能做决定的管理人员。自动化印刷厂对已经负荷沉重的管理层，操作人员和维修服务人员的要求更高。

今天市场上许多咨询员的缺点在于，他们为投资和获利做了大量调查、规范、计算，他们参与采购过程、参与合约，可是一旦涉及安装、培训、启动、验收和生产等最重要的部分，他们却不参与。只有到这时，公司才会发现，他们忘记了开发自己的能力，而过多地依赖外部支持，没有建立起自己的经验和技能。

在这种情况下，为了提高公司内部知识，担负起决策制定的责任，管理层将起重要作用。必须在设备选择和安装的工作开始之前，就要适当依靠咨询员的协助，着手培训未来的管理层。设备安装与启用的工作是管理层职责合乎逻辑的延伸。

外部支持常常是必要的，特别是在编写规范、设备安装和维护、项目协调等工作上。要委托有经验的建筑师等设计、安装建筑设施，并监控整体建筑结构。文件中的项目表要以大量安装经验为基础。

在到处充斥着彩色和简短信息的媒体社会，为什么许多人仍然阅读老式的报纸并排斥高价格报纸，原因是新技术无法让人接受。一些报纸无法让人接受，是因为缺少色彩、质量劣、缺少短小精悍的新闻或缺乏现代化的版面设计。

许多时候，在新设备投资和旧系统更新工作完成之后，发行量会有所增加，使用新印刷机也会给员工、读者和广告商带来重大冲击。

当前，许多报纸为获得外部印刷合同而竞争，在这个领域的竞争异常激烈。今天，对四色印刷机的需求十分巨大，要求印刷机具备大量印刷能力、精良的质量、灵活而完美的发送处理能力。未来这类需求将变得更为重要。我们可以看到，获利能力差的小型报社将在各地区市场上不断失利。原因在于缺少投资基金、行销费昂贵、客户服务关系恶劣、印刷质量低劣、不能做到及时发送。这些情况表现为：要求更多的维护、训练新手操作印刷机、承担发送和服务工作。总之，对财务回报的要求会使业务选择更为艰难。

当今，由许多小型陈旧的设备生产的印刷产品，很可能在不久的将来会由大型的、设计灵活的印刷机生产。这些印刷机将有更高的质量、更大的灵活度和更强的获利能力。

（一）关于印刷机的选择方案

今后的发展中，最常见的印刷机选择将在双圆周或单圆周印刷机之间进行。

（二）不同印刷机的共同特点

随着技术的进步，大型供应商提供的印刷机都是无轴驱动的，即所有的驱动轴都换成了数码控制直流电动机。印刷机上的输入、卷绕器的拉曳及其他驱动元件的情形也是一样。结果，这样设计出来的印刷机质量更高、能耗更小、噪音低且便于维修。

上述的两个机种都具有产品导向控制系统，未来具有标准操作系统的设备会比较易于升级、具有更好、更迅捷的作业环境。单圆周印刷机也可以具有全自动预设定系统、彩色及纸张定位系统、自动控制卷筒纸张力的功能。

（三）单圆周——单宽

由于四色印刷机使用的增加，减少了对人员的需求，却增加了对持续运作和高质量印刷作业的要求。对于单宽印刷机，只有在有限的页面数量的前提下，才能达到减少故障水平、降低损耗、提高产出的要求。随着新的单圆周印刷机的出现，这个数量限制也在节节上升。在每小时生产 50 000 宽幅纸张的速度下，数量限制为 32 至 48 页。

为了生产出高质量的产品，单圆周印刷机必须是全自动化的、具有产品导向控制的系统，并且具备全自动张力控制和定位（套位控制）。如果不是全自动设备，那么对人员的要求就太大了、耗损会上升、纸张断裂的危险会增加，而且其他质量问题也会大幅度上升。拥有三套折叠机的印刷机能提供更多的页面变化，达到最多三折的效果。

使用单圆周印刷机的一个优点是，可以非常方便地从两页宽幅格式转换为四页小报格式。这有助于减少纸张的耗费。不过，最大的问题是，需要较多的卷筒纸数目。比如，印刷48页宽幅报纸就需要12个卷筒纸和12个印刷辊塔。

（四）单圆周——双宽

1998年下半年，一家印刷机制造商提出了制造拥有单圆周印刷圆筒的双宽印刷机和双圆周橡皮布圆筒的可能性。他们声称这种可能性能够克服又长又细的印刷圆筒所遇到的机械问题，因为其设计较合理、材料更好、轴承更精良。

如果这种观念能够实现，就能找到更合适的解决途径：使用6个卷筒纸和6座辊塔生产48页宽幅报纸，而且保留每步2页和全自动控制的性能。

（五）双圆周和双宽

大多数双圆周双宽印刷机都在聚合状态下运作（单独生产）。生产48页宽幅报纸只需要3个卷筒纸，这种生产方式提高了工作的安全性。对于编辑部来说，其缺点在于，页码编排跳转数在宽幅报纸上是4页，在小报格式上是8页。在报纸的每2个或4个书贴上的页面数是有限的。实行全自动在双宽印刷机上是必要的，因为其对全彩色质量存在着持续的需求，而且卷筒纸张力适当，可以降低人力需求。

印刷机可以制定成4层辊塔式或卫星分布制式。4层式的好处是设计简单、纸张通路短，而且可以是橡皮布到橡皮布印刷；缺点是在辊塔上第一次和最后依次印刷之间会出现扇形张开的问题。一般印刷机有特别装置，可以减少一定质量范围纸张的扇形张开问题。

卫星式印刷机的优点在于拥有近乎完美的彩定位器，全部 4 种颜色都可以印刷得非常接近。这种 4+4 制式的缺点是，第二压印圆筒有反印的问题，纸张通路过长，设计较复杂。在聚合生产力的印刷速度为每小时 3 万到 4 万 3 千印张。

（六）直进式生产

如果印刷机用于直进式（双宽）生产，页码编排跳转就成为宽幅格式 2 页和小报格式 4 页。这种制式主要用于发行量巨大的大型报纸。在这种制式下，印刷速度可以达到每小时 6 万到 8 万 6 千张印张，而且这种印刷机只能是双圆周印刷机。

（七）双圆周与单宽

双圆周单宽印刷机主要是四层辊塔设计。作为报纸印刷机，它一般是在聚合状态下运作，并且在宽幅格式下拥有相同的 8 页跳转。其优点是在不同质量的纸张上印刷时，扇形张开的问题较少；缺点是印刷机需要两倍的辊塔数目和纸卷数目，才能达到与双宽双圆周印刷机相同的页码编排效果。

（八）无键滚墨

许多欧洲国家的报纸已经完成了在百分之百数码页面生产上的投资。保持数码化平衡页面高质量的要求已经被转移到印刷厂了。无键滚墨技术是在最近十年开发出来的，不同的制造商使用的方法也各有不同。最常提到的三种方法有：①德国式：较短的印墨输送和通过 Anilox 滚墨轮进行永久供墨；②美日式：较长的印墨输送，使用变动墨槽进行供墨；③瑞士式：极短的印墨输送，通过压缩空气操纵的搅拌刀进行能够可变动供墨。

无键滚墨的优点是，在整个生产运作中能够保持印墨黏稠度的均匀，而且可能在作业中对人员的需求也较少。整个预印刷作业必须保持完美的黏稠度控制，以克服个别印墨调整变化中的困难。多数报刊在今后数年间有意引进电脑直接控制版系统时，也面临同样的要求。这是引进期望寿命达二十年的新印刷机的一个有趣选项。

拥有无键滚墨系统的印刷机也叫作"彩色复印机"，只要这种系统能够名副其实，那它一定就是业界所需要的印刷机。

二、印刷质量

图书的印刷一般由社会专业的印刷厂承担，报刊的印刷一般由报刊社自有的印刷厂承担。

为了保证报刊的印刷质量，印刷厂在进行投资建设之前，必须请专家对印刷机的机械质量和能力进行细致的论证和检查。印刷厂应避免对无法改造的设备或使用寿命太短的设备进行投资。

卷筒纸张力系统的改造非常重要。旧式印刷机使用许多单元来达到 4 色印刷的效果。在许多情况下，问题出在卷绕工位刹车器故障和拖曳辊子故障。这是不可以接受的。印刷厂在每个卷绕工位上安装电动输送装置，在卷筒纸上安装测量辊子，在最后单元上装上托辊子和控制系统，就能改善情况。

旧式印刷机没有远距离印墨螺栓和远距离彩色定位器，所以必须以手工方式在印刷机上做调整。这个方法太慢，而且也造成了巨大的浓度、定位波动。一旦纸张张力提高了，远距离控制的印墨螺栓，彩色定位器和定位控制系统都能够在大多数印刷机上使用。

旧式印刷机上的加湿系统很难控制，因为它们总是倾向于注入过多的水分，结果造成擦花、网点增大、纸张拉长、纸张强度急剧降低等问题。所有这些都造成了印刷机的严重问题。今天，印刷厂用新式喷雾加湿系统可以轻易地取代旧式的加湿系统，同时还可以提高印刷质量。

在旧式印刷机上最耗费时间的工作，就是印墨、水分、彩色和纸张定位的手工调整。在装上纸张张力印墨调节、彩色定位和喷雾加湿等的远距离控制系统之后，就会减少对操作员的需求。如果印刷量巨大，在印刷机上加上一个橡皮布清洗装置也有助于减少人力。

三、投递分发

印刷报刊与印刷其他产品不同的是要给报刊的分发、投递留有空间，并与印刷车间等形成有机的整体，以保证报刊快速地出厂。

在报刊印刷厂，不断提升生产速度和生产能力是非常关键的。在报纸的捆扎方式上，可以逐份报纸成捆，或是多份报纸成捆，其最大数量根据堆叠机高度而定。目前，报刊标签几乎都实现了标准化，使用激光技术甚至可以在每个报捆上打上多重标签，包括给投递员、发运员的指示。

包装一般用薄薄的塑料膜缠绕着报捆，较大的报捆则使用十字或平行分布的包装带捆扎。包装小的报捆时，一般只需要用塑料膜在报捆周围缠绕一番即可，有时也会加上一条包装带。

装载系统在现代化的印刷厂直接通向载货车，用条形码检查每个离开系统的报捆。条形码能记录任何一个在装载台上丢失的报捆。

第五节　编辑出版与发行的关系

在图书报刊竞争日趋激烈的时候，在"出好报刊"的前提下，出版社、报刊社内部采编、出版、印刷、发行、广告等部门对于如何"早出报刊"的关系有了深刻的认识。

相比报刊的出版，图书的出版在时效上具有差异性。图书较长的出版周期使得其在设计、出版的过程中，可以精雕细琢，做出精品。相对而言，报刊的编辑出版与发行的关系更加密切。

一、"出早报"与"出好报"的关系

"出早报"是指报刊在同类产品中率先进入市场，以满足读者早先一步阅读的要求，给竞争对手造成压力；"出好报"是指报刊传播的内容及印刷质量要过关，要耐读、爱看。"出早报"要求编辑、出版时效要快，发行传递速度要快，从某种意义上讲，"早"是绝对的；而"好"是基础，是前提，是相对读者、编者的评价而言的，很难说是绝对好。应该说"出早报"与"出好报"，二者是辩证统一的关系，是科学的、合理的搭配。两者缺一不可，就是说"早"体现了"好"，"好"包括"早"，"早"是"好"的内涵之一。如何正确认识和处理它们之间的关系，是业内人士关注的重要课题。通常情况下，一方面市场竞争需要"早报"和"好报"，但更需要"早报"；另一方面，采编部门往往过于强调某一篇新闻的重要性和时效性，而往往忽视了提高整份报纸的时效性，甚至耽误了出版时效，影响了"出早报"，妨碍了报纸的发行时效。这样，"好报"不早，使"好"大打折扣。所以无论从市场竞争还是发行角度来看，都应在"出好报"的前提下将"出早报"叫响，把提高报纸时效性作为重点来抓。

报刊的质量必须是一流的，这样才具备市场竞争力，这是办好报的宗旨所在。但这种高质量产品的制作是有条件的，受时间及竞争的客观条件限制。也就是说，新闻产品具有易碎的一次性消费特点，一旦其失去时效性，就如明日黄花，其价值会大打折扣。谁先把报刊推上市场，谁就会在读者中间占有先决优势，谁的报刊发行量也会在市场上占有相对较多的份额，同时达到占领广告市场的目的。

以报纸普及率全球较高的日本为例，各类报纸110多家，平均每户拥有报纸约1.2份，每2人多即有一份报纸。为了争夺读者，各报都采取了报纸入户订阅的发行办法，尽量"出早报"，快速投递，一般是每天早晨3时30分左右各报便把日报送到销售店，然后由销售店分发到各送报点，再由送报人在早7时前送到读者家中；下午各报则在2时20分左右开始运送晚报，很快晚报就能进入各户。日本报纸能够出版早、迅捷投递入户的原因是，各报在注重编排内容质量的基础上，同时重视编排速度，改进编排技术，每天编排好几个版次，及时成版印刷。

"出早报"的实质，是由新闻的特性所决定的。人们看报刊的目的是了解新闻，了解更多的信息。这就是说，新闻报道要能起到传播信息的作用，时效是个不可缺少的条件。在一定的时间范围内和环境条件下，信息才会具备传播价值，超出一定的时空界限，新闻变成了"旧闻"，报道的事实也就丧失了信息的价值。可见，一定的时效是新闻信息赖以生存的条件。

现在在认识上似乎有一种误区：提高新闻时效性，指的是单篇新闻作品的时效性，而忽视了整张报纸的时效性。这种错误认知使编辑系统都挖空心思地在采编好每篇新闻上下功夫，甚至推迟了出报时间，结果耽误了报纸发行的时效。因此报社有必要对这个问题加深理解。

凡有新闻常识的人都知道，新闻的时效性不仅是对单篇新闻而说的，还指整张报纸同读者见面的速度。因为，新闻需要发布传播，让读者阅读，而新闻发布需要一定的过程，一定的载体。载体即媒介，作为报社就是报纸，就是一张版面组成的报纸，就是将众多新闻、信息等集纳组装成一件能吸引人阅读的完整的"产品"，而绝不可能将单条新闻发布给读者。一条新闻发布得或迟或早，其效果大不一样；同样一张报纸早一点或晚一点时间与读者见面，其效果亦大不一样。报纸作为"新闻纸"，新闻的时效性最终是靠整张报纸的时效性来实现的，整张报纸的时效性才是唯一的。

二、从报刊发行看报刊定位

报刊办得是否出色，是否受广大读者喜欢，并让广告客户热衷订购版面，其评价的准确度应从销售市场的坐标去分析。

报纸的发行过程，是报纸进入市场后的第一次销售。在这次销售过程中，报纸通过各种销售渠道或订阅，或零售，把报纸卖给读者。这个销售过程的完成，是报纸受众率提高并借此取得社会效益的过程，是报纸广告版面得到社会承认与增值的过程，也是报纸采编人员劳动价值得到实现的过程。报纸广告版面的出售过程，是报纸运营过程的二次销售。即广告客户花钱购买的不仅仅是报刊版面的本身，而是报刊版面增值后市场的信誉度与受众率的认可。

显然，任何一家媒体都希望自己的报纸发行量在市场上有足够的份额，以赢得读者。但事实上，大部分的情况是，媒体采编人员对报纸的销售区域、购买人员的素质构成、报纸的阅读率并不十分了解。如果再具体到报纸的版面设计、栏目设置、稿件采写等报纸的"细节"信息反馈，大概更少有人知道了。所以说，处在市场转型时期的报纸采编人员，不应只管埋头办报，应不断地把自己的创新思维付诸版面后去接受市场的检验。而报纸的每个版面设计，包括印刷质量，到每个栏目、每篇稿件的采写都与市场息息相关。如果不看读者对象的反馈，我行我素地办报，必然导致读者流失，发行量下降，报纸也会遭受不可估量的损失。也就是说"以销定产"的市场法规对于办报办刊来讲还是有道理的。采编人员应有义务和责任主动接近市场、了解市场，弄清楚自己生产的产品是否受读者的欢迎；也应有权利根据市场反馈的真实信息及时调整办报思路，以赢得社会的认可。

从媒体传播学的角度看，新闻媒介与受众之间有着选择与被选择的关系。随着报业市场化程度的加大，读者选择新闻和报纸的自由性越来越大，从登什么看什么到可以随心所欲地挑选自己喜爱的报纸是一大变革。而选择"早"报，以满足自己"早知"的欲求，已成为读者对报纸的新的消费观念。所以，报纸一定要想方设法注意和提高报纸被选择的概率。

三、编辑出版与报刊二次销售的关系

关于这个问题,业内人士的观点很多。比较一致的看法是报纸的宣传是龙头,即报纸的质量是第一位的,是媒体传播的根本所在;报纸的发行是实现报纸传播的桥梁与纽带,是直接面对竞争对手完成销售的主战场;广告则是媒体实现价值交换的一个最终环节,是收获的实现期。但不管怎么说,宣传、发行与广告的关系是相辅相成的,是互为连动、互为影响、互为促进、不可分割的有机体。任何一个环节出了问题,媒体都不会有好的结果。再具体地说,就是同一质量相当的报纸,由于发行手段、广告策略的不同,会有不同的结果。同样,在市场上发行看好、广告看好的报纸则一定是质量过关的媒体;反过来,质量过关的报纸由于运营管理的差异导致其在市场上的发行、广告未必都有好的效益。同样,发行量大的媒体,广告也会因诸多因素导致很大的差异;但可以肯定地说,广告效果不好的媒体一定是在市场上发行份额太少或办报质量较差的媒体,这是不争的事实。也就是说,从逻辑上分析报纸的宣传、发行、广告三者之间的关系是不可逆的。

特别需要指出的是,决不可把三者的关系对立起来去片面强调哪一方面绝对重要,那样势必会在媒体具体的运营中形成相对孤立的个体,造成"二张皮"或"三张皮"的结局,陷入内耗而不可自拔。比如在有的报社,采编部门认为报纸办得很好,但由于发行不得力发行量上不去,加上广告人员工作没跟上,导致报纸效益低下,影响了发展;而发行部门则认为报纸没办好、印刷质量不高,办报定位不准,在市场上缺乏竞争力等,使得报纸发行量上不去;广告部门则更有理由,你的报纸没办好,发行量也不高,谁来做广告?

相反，如果一张报纸效益好了，办出了名堂，三方也会各执其辞，采编部门说是因为报纸办得好；发行部门说是因为报纸发行搞得好；广告部门会说我们不挣钱，哪来的效益？所以说，如何处理好办报与报纸二次销售的关系，是个非常重要的问题。现在大家对于一个运营成功的媒体有个普通的看法，这是中国人民大学传媒管理研究所宋建武先生总结的观点，一个报社要想获得成功，就是要有一个灵魂人物，一个好总编，一个好的发行经理，一个好的版式总监，一个好的财务主管。这是五个前提条件。实事求是地讲，一份报纸的成功运营确实需要很多因素，是个系统工程。在这个系统工程中，除了以上五个前提外，名编辑、名记者、名发行人、名广告人等媒体的具体操作者，在整个媒体的品牌运营中，他们发挥了重要作用，也是功不可没的。

市场是变化莫测的，读者市场与广告市场也是不断变化的，报刊的主办者亦应针对这种变化，对办报方针、版面设计做出科学有效的调整。

怎样才能获得真实有效的反馈情况，这是非常重要的。有些媒体不断地开展读者调查，并请调查公司介入，请专家参与分析等，无疑都是为了获得真实的信息。有的报社则建立了专门的舆情反馈机构，比如北京日报社就在发行处的基础上成立了读者调查舆情反馈处，常年监控读者市场，以便为报纸决策调整提供决策依据。有的报纸则不惜人力、物力利用微机建立读者档案库，把报纸发行的地理区域、城市规模、交通通信、人口数量、人口密度、年龄结构、性别比例、收入状况、职业结构、文化程度、家庭单元大小、社会阶层及受众的生活方式、价值观念等等全部进行分析，形成内容丰富的数据库。

其实，这些方法都不失为切实可行的办法，但仍然不能完全解决问题。

比如零售市场的读者调查就带有很大的随机性，也很难像对订阅者那样建立老读者档案。采编人员要想了解自己的稿件写得是否出色，栏目办得是否吸引人，应在发行市场上找一找读者市场。比如哪一天的报纸好卖，什么样的版面最抢眼，读者爱看哪一个栏目，处在零售末梢的基层报商，应该是有发言权的。另外，广告版面销售的情况也很能说明问题。

附录

一、背景资料

（一）美国的报纸版面

美国新闻界一般把版面分为两种基本类型：一是垂直式版面（Vertical Make-up），另一种是水平式版面（Horizonal Make-up）。

垂直式版面曾经长期"统治"美国的报纸。这一种类型的版面的特点是，大量采用短栏期，文往往由上端直排到底部。因为标题比较短，所以新闻的重要性往往不是用标题的长度来显示，而是借助于标题的多层来显示。这种类型的版面只重视版面的上半部，大标题都集中于版面上半部，版面愈往下，标题愈小。在结构上，垂直式版面往往采用左右对称、不完全对称等几种排版方式。

垂直式版面虽然也有它的优点，比如，比较整齐、严肃等。但在长期的实践中，这种类型的版面弱点已暴露得越来越清楚。第一，标题放在短栏里，分行就必然多，一句完整的话要受到多次分割，读者阅读很不方便。有时为了避免这个问题，排版时排版人员不得不把标题字号缩小，但是这样又会使标题不突出。第二，长标题用得少，版面就缺乏吸引力，要与别的报纸在销路上展开竞争比较困难。第三,版面左右完全对称,这就要求对称的稿件具有同样长短、同样字号大小的标题,为此,有时不得不让内容去服从形式。第四,由于阅读一篇新闻往往要从版面的上端看到底部,阅读不是很方便。第五,由于大标题都集中在上半部分版面,这样显得版面头重脚轻,不匀称。

正由于垂直式版面有以上弱点,现在美国采用这种版面类型已经比较少了,取而代之的就是水平式版面。

水平式版面的主要特征是,大部分新闻采用长栏题,短栏题用得较少。标题简化了,一般以一行题居多,多层标题用得少了。水平式版面的最大优点是,标题更醒目了,而且可以用长短不同的标题来显示新闻价值的大小。其次,文字的编排是自左至右的水平方向扩展,比较便于阅读。因为,人们的视线自左至右移动要比上下移动省力。除此,大标题和图片一般都放在版面的四角,打破了垂直式版面的左右对称并只注意上半部分版面的局限,使整个版面有可能做到比较匀称。

垂直式版面和水平式版面这两种版面类型,是美国新闻界根据本国报纸版面发展的实际情况对版面所做出的一种分类。所谓垂直、水平,都是就横排报纸来说的。我国报纸自从改为横排以后,很少出现过像美国报纸所采用的以短栏题为基础的垂直式版面。

(二)世界上最大的报纸

世界上版面最大的报纸是瑞士的周报《Lausanne-Cités》——这是得到正式承认的。2000年9月14日,该报社出版了一份超大号的报纸,以庆祝创刊二十周年纪念日,并且使《Lausanne-Cités》的名字记录在了《吉尼斯纪录大全》上。[①]

这份报刊完全以9月14日普通版为原型，只有一个特别之处，总计六十四版的报纸每一版高5.02米，宽3.4米，比标准版面大一百多倍。

这份报纸由瑞士洛桑附近Renens的GigaPrint公司印刷。这份巨大的报纸非常轻易地取代了1.4米×0.995米的旧记录，旧记录是比利时报社《Het Volk》在1993年创造的。

这份报纸先是印刷在130克重的纸张上，然后再用另一张130克重的纸张增加强度，从而变得更重了。整个印刷过程耗时80小时。GigaPrint公司为了及时印出这份报纸，印刷机不分日夜连续印刷。

最后一刻的报道据说是"专"访国际奥委会主席萨马兰奇，原打算把这个访问排成头版，那样就得重新印刷报纸的第一版。但最后根本没有什么专访，于是只好匆忙地改写头版并制成版面。《吉尼斯纪录大全》的代表已经正式通知该记录获得承认，在其2001年的版面中将出现《Lausanne-Cités》的名字。

GigaPrint公司刚成立一年，是瑞士法语区唯一承担超宽幅印刷的公司。

9月14日，该报纸在日内瓦湖畔的奥奇举办的特别发布会上发行。之后，该报纸被安排在洛桑的Comptoir Suisse展览会上展出，日期为9月15日至24日，计划还将在2001年5月到日内瓦的Sslon du Livre上展出。

[①] 新华社2012年07月26日电文：为庆祝伦敦奥运会即将开幕，法国《队报》26日发行了超大版面的典藏版报纸。《队报》当天发行的报纸长0.8米，宽0.56米，是寻常版面的两倍，成为吉尼斯世界记录认可的世界上最大的体育日报。

二、经典案例

（一）超越外表翻新的《雅加达邮报》

经过19年的不断努力，印尼的《雅加达邮报》从2001年10月开始改头换面，终于有了起色。

《雅加达邮报》的日子一直不好过。自1983年被推出后，很少有人认为它会成功。PT Bina Media Tenggara，一家联合多家当时著名印尼媒体的公司：Komaps日报，Sinar Harapan日报，Suara Karya日报和Tempo杂志。但是，其公认的主要障碍是以英文出版。

在印尼推出英文报十分困难。与其他亚细安邻国，如马来西亚、新加坡或菲律宾不同，印尼是个非英文会话的族群。这种情况可能解释了其他两份英文报《Indonesian Observer》和《Indonesian Times》的失败。

最初，这悲观的想法几乎成为事实，第一天《雅加达邮报》的销量只有5 474份。但是，销量不断增加。到20世纪90年代，该报纸销量达到四万份。

《雅加达邮报》副总编Endy Baynui相信，其受欢迎的原因是它对政府的苛求。这风格赢得很多读者，不只是外国人（在20世纪80年代外国人是其主要读者群），也包括印尼人。到20世纪90年代初期，印尼人成为其主要读者群，并推进报纸在这期间的增长。现在，印尼人占读者群的比例为60%。

读者增长的另一主要因素是雅加达人在日常生活中英文使用的增加。Endy说："英文快速地成为全球化时代的法定语言，自然地，更多中产阶级的印尼人就开始阅读英文刊物，我们的报纸因而从中得利。"

但 1998 年金融危机摧毁了印尼的多数行业，这导致《雅加达邮报》失去很多订户。两年内，它失掉了 25% 的订户。

直到那时，报社才决定重组。它意识到以往的成功使它失去创意。Endy 解释说："2 000 名读者调查显示我们的读者老了，报纸没有新的年轻读者，以及大胆的作风已不再是竞争优势。经过两年激烈的内部讨论，《雅加达邮报》开始翻新。"

改革设计是《雅加达邮报》所做的一部分，在新竞争的激烈环境中，能保持其价值。Endy 说："我们改变的不只是版面设计，也包括选择、编写和包装新闻的方式，要改变报纸的外观和感觉。"

《雅加达邮报》引进外来人才以协助重组。Felix Soh，《海峡时报》外国新闻编辑，是公司的顾问。新设计的概念是，《雅加达邮报》成为容易阅读和查找的时髦报纸。这就是使用色彩，更小面积，更大字形和报纸分为两版的原因。每版有 10 页。第一版包括首页、语论、城市、国内和国际新闻；第二版则包括特写、体育和商业新闻。

Endy 说："因为现在的人花较少时间阅读报纸，所以报道要简要，并刊载事件的来龙去脉或做出评论。这将使读者认为我们有价值，他们多数从 24 小时的电视和网络获得每日新闻。"

他补充道，这次翻新得到了忠实读者的赞许，但不可能让每个人都高兴，某些忠实读者也有所抗拒。

Endy 说："我们不断地改进报纸。我们将于即将来临的几个月做更多、较小的变更，这也是考虑到读者的投诉和建议。"他明白评估新设计能否吸引新读者还太早，"但我们对前景非常乐观。"

除了《雅加达邮报》，印尼也有两种区域英文报：《亚洲华尔街日报》和《International Herald Tribune》。自2000年，它们在雅加达印刷，并能于早上面市。对Endy来说，这市场能容纳超过一种报纸。《雅加达邮报》的售价是RP4,000，IHT的售价是RP13,000和AWSJ的售价是RP10,000。Endy解释："在有限程度上，它们是我们的竞争对手。但是，每种报纸都有各自的优势。"

扩张机会是有的。大城市如雅加达的青年市场是个具有挑战性的市场。现在，只有24%的《雅加达邮报》读者小于30岁，64%的读者在雅加达。《雅加达邮报》计划进军其他地方，寻找新的读者群，如泗水和万隆的中产阶级者。

由于更多印尼人将成为文报读者，推动报纸销量增长，《雅加达邮报》迟早将会有新竞争对手。Endy相信泰国能容纳两种英文报（《The Nation》和《曼谷邮报》），拥有更多人民的印尼将能容纳至少两种甚至三种英文报。他乐观地说："一旦经济好转，英文报市场将再次扩张。"

《雅加达邮报》与很多其他报纸，甚至其他媒体，直接或间接竞争，以吸引相同的读者群和广告商。《雅加达邮报》商务Christian Tooy说："由于读者和新闻探求者重叠，多个广告商要在报纸、杂志、广播、电视或网络登广告。"

Christian说："幸运的是《雅加达邮报》享有的销量与广告比例是32∶68。随着经济好转，报纸会吸引更多广告商，这一比例将好转。"他补充说，于2002年，由PT Bina Media Sejahtera经营的《The Post》将专注发展联机版。他还说，《The Post》也考虑在适当时期建设印刷厂。"报社不需要拥有自己的印刷厂。一旦有了，它应以最高产量生产。这将使我们偏离核心业务——信息供应。但这是有可能的。"

他认为《雅加达邮报》的主要计划是成为印尼的信息引擎。由于信息引擎是由忠诚的专业人士推动，《雅加达邮报》立志在这极为多样化的国度里促进社会的文明和开化。

"《雅加达邮报》的使命是成为印尼的首选报纸，具备搜集、编辑、包装和分销印尼信息的核心优势，并可能成为一种英文日报、一个即时英文新闻网站和其他媒介。"他补充说其他媒介可能包括电视、广播和其他网站。

（二）卫星传版带来发行革命

当印刷、发运时效成为制约报刊发行的障碍时，电脑与通信卫星的运用，使报刊的发行出现了质的飞跃，传统发行模式被赋予了科技含量。在这方面，《齐鲁晚报》的报版传输走在了前面。

目前，《齐鲁晚报》在北京、辽宁沈阳及山东省内的青岛、临沂、潍坊、济宁、泰安、枣庄、聊城、淄博、滨州、德州、烟台、菏泽、东营、威海等地设立了19个代印点。报社将报纸编好后，利用电脑等方式将版面文件发送到代印点，由各代印点和济南同时开印，以上地区的广大读者就能和济南市区的读者同时看到当天出版的《齐鲁晚报》，从而为报纸的发行创造了有利条件。

过去，在报纸印刷还没有脱离铅与火的时候，也有报纸在异地进行印刷的情况，但那时既没有电脑排版，更谈不上通过电脑、电话等方式进行传版。印刷厂印报也是先压纸型，然后再制铅版进行印刷的。要在异地代印点印刷，就得在压纸型时多制一套，然后通过飞机等交通工具将纸型运往代印点，代印点再制版印刷，但也做不到同步印刷，更谈不上让外地读者与报社所在地的读者同时看到报纸了。大多数报纸都是在报社所在地进行印刷的，这样，除报社所在地及其邻近地方外，其他地方的读者都要第二天、第三天甚至更晚些时候才能看到报纸。随着社会的进步，报纸印刷已经告别铅与火，电脑排版印刷为报纸异地同步印刷创造了条件，人们也越来越重视新闻的时效性和信息量。当今的新闻竞争很大程度上就取决于新闻手段的竞争，因而提高新闻的时效性就成为当今国内外新闻技术改造的重点。国内许多全国发行的报纸为抢读者扩大发行，纷纷在外地设立代印点，以便外地读者也能及时看到当天的报纸。于是，通过电话、电脑及卫星等工具的传版方式就应运而生了。

1. 电话传版。用电线路可以进行点对点的传输。这种传版方式以前比较普遍，现在仍有大量的报社和印刷厂在使用。它的优点是，只要双方的电脑通过调制解调器对报版数据文件进行调制，通过连接电话就可以传输，传输的质量、速度主要受电话线路的影响。它可分为普通电话和专线两种，其中专线具有传输速度快、质量好的优点，但通过电信局开通专线的方式会使报社投入特别大，因而采用这种方式传版的报纸为数不多。

2. 通信卫星传版。租用卫星线路通过通信卫星对多家代印点进行同时传版是目前比较先进的一种传版方式，像《人民日报》《中国青年报》都采用这种方式进行传版。利用这种方式传版，速度快、质量好、覆盖面广，可以对卫星所覆盖区域内的所有代印点进行传版。但这种方式对技术要求高，需建立卫星发射站，投资大，一般单位实现困难。

3. 因特网卫星传版。利用因特网传版是近期才发展起来的一种新兴的传版方式，它可以是文件传输方式，也可以是电子邮件方式。由于因特网是一种开放的、全球性的网络，只要能连接上网，使用者就可享受到因特网带来的服务。使用者利用因特网上的各项服务，可以方便地同世界上任一开通因特网的地方进行信息传递，于是报纸用其传版就应运而生了。据了解，目前《计算机世界》开设了一些地方市场专版，各地的市场报价由其各地的代理制作好后传给北京，其中，济南与北京之间的传版就是通过因特网进行的。利用因特网的文件传输功能、报纸用电子邮件传版，只要把要传的文件放到网上，或用邮件发出去，接收方随时都可以接收，这一点突破了其他几种传版方式必须在一定时间段内接收的局限。但由于因特网的开放性，电脑黑客、电脑病毒的不断出现，以及国内因特网发展的不均衡性，各地信息港发展不一、带宽不等，使得这种传版方式还局限于大城市之间的传递，只有少数几家报纸采用。

除上述几种传版方式之外，《齐鲁晚报》与山东广播电视信息中心合作，在国内首次开发出一种新的传版方式——利用电视卫星传播图文电视的信道进行传版，这样既做到了对通信卫星线路的充分利用，又节省了大量开支。《齐鲁晚报》是决定在国内首家采用卫星电视传版的报纸。其将每日需传送的版面文件，包括文本文件和图像文件等，压缩、打包，并加入自编密码形成数据包，然后利用高速调器及专用通讯端口传至播出中心服务器。播出中心服务器控制播出机可自动读取服务器上的版面信息计划，再设定时间对播出文化进行编码，并加载到视频信号的指定行上，专业信息的播出采用高性能准16位单片机8098作CPU，大大简化了电路，减少了系统中断，提高了系统的可靠性和数据处理速度，数据输出采用硬件DMA电路，无须主机CPU干预，极大提高了数据交换的速度和效率。控制机用于对播出文件进行分类，并控制其播出方式、播出时间等。

播出机的输出信号利用视频电缆送至山东卫视播控中心，由数据桥对数据信号进行进一步优化、整形。假如山东卫视信号中的第 11 至 15 和 324 至 328 行，每个数据行加载 45 个字节，即 360 比特，其中 5 个字节用于送时钟同步、字节同步和包地址等信息，另外 320 比特用于传送实际数据，在目前采用 10 行用于专业信道的情况下，波特率可达 80Kbps。信号由播控中心用微波送至卫星上行站，并再次用数据桥进行整形，上发至亚洲 1 号卫星，覆盖全国。

印点卫星接收小站采用 1.5 米至 2.5 米直径的抛物面天线，接收终端加 4A 型图文电视微机接收卡，即 PC 卡，配以汉化接收软件，针对报纸传版系统，开发了专用自动接收软件，在信号眼高度大于 50%、误码率小于 10E-4 的情况下，可确保接收数据的准确性，当误码率过高，难以进行完全纠错时，接收软件不会形成目标文件，所以绝对不会有接收到错误数据的情况发生。

在数据安全方面，整个系统设有三道屏障：一是数据的打包加密；二是播出系统的编码加密，密码可随时更换；三是接收端的硬件加密，每个 PC 卡都有唯一卡号，由接收软件自动识别。

第四章　图书报刊征订

图书报刊的征订或称整订、订阅等，是指图书报刊用户提前支付书报刊费，由图书报刊发行人员负责图书报刊投递上门的一种基本发行方式。由于我国长期受计划经济的影响，在过去的图书报刊发行中，图书报刊除了依靠书店销售以外，图书、报刊的订阅几乎成为其发行的唯一方式。而且，大部分图书、报刊的征订投递工作都是由邮政报刊发行部门完成的。

改革开放后，随着图书报刊自主发行业务的兴起，图书进入市场化的"二渠道"；有些报刊社建立了自己的发行网络，开始组织报刊的征订与投递工作，并取得了快速发展。

图书报刊的发行选择什么样的发行模式，应根据图书报刊所办的内容、分类及发行区域、对象等具体情况确定。在当前我国市场经济体制基本确立的情况下，出版社、报刊社大部分都在按照市场法则去探索发行的有效模式。

除此之外，党报、党刊的发行基本上仍然沿用了传统的发行模式，主要依靠各级党委的宣传部门组织发动，由邮政发行系统组织收订投递。从目前看，一些党报党刊也开始面向市场，由报社自己组织发行队伍去订销自己的报刊。

第一节　图书报刊发行模式

我国的图书报刊发行机构，可按照不同的标准划分为不同的类型：一是按承担的任务可划分为对内发行机构、对外发行机构；二是按所有新形式可划分为国有图书报刊发行机构、集体发行机构、民营图书报刊发行机构；三是按其内部职能划分为批发机构、零售机构、发行机构等等。

一、国有图书报刊发行系统

承担国内图书报刊发行任务的国有企业主要是新华书店、中国邮政报刊发行部门；承担对外报刊发行的国有企业有中国图书进出口总公司、中国出版对外贸易公司等机构。

1. 新华书店

新华书店总店资质健全，是中央一级图书、音像出版物大型批发企业，隶属中国出版集团。新华书店总店诞生在1937年4月24日，前身是中共中央在延安成立的新华书店，属于中共中央出版委员会发行部的对外机构，是中央机关刊物《解放》的发行机构，承担着党的图书报刊出版发行任务。历经80多年的长期发展，新华书店具有丰富的书业营销运作经验，构筑了全国性的购销网络、仓储运输网络和资金结算网络，具备集约化、规模化经营条件。

为适应图书市场日益发展的需要，新华书店在改革中不断创新，在图书发行业务中打破旧有僵化模式，加大高新科技手段的利用，正在建设全国出版物信息网络系统和企业管理系统。

新华书店作为国有大型企业，机构健全，实力雄厚，拥有固定资产逾3亿元，营业面积及仓储场地近8万平方米，承担向全国5 000余家各级新华书店及社会书店办理中央一级、北京地区及全国各地500多家出版社的出版物进发货业务。其图书市场覆盖率90%以上，图书销售市场占有率为5%～7%左右，并在逐年扩大，成为国有图书发行行业中的中坚力量。

随着图书市场不断向"统一、开放、竞争、有序"的方向发展，新华书店总店面向市场，正在谋局更大的作为和发展。

2. 邮政报刊发行机构

中国邮政系统辖属的报刊发行业务是按照计划实行集中领导、分级管理的办法，即实行邮政总局、省、市、区邮政管理局，市（县）邮政局的管理方式。

邮政总局是负责制定报刊发行的方针政策和办法、全国统一业务处理规划的领导机关。各省、市、区邮政管理局既是各省、市、区报刊发行工作的领导机关，又是业务活动的指挥中心，起着承上启下的作用。同时，其报刊发行工作都要接受邮政总局的领导与监督。

在具体事实中，承担报刊发行生产工作的机构是各级邮政局、邮政支局、邮政所。报刊零售公司、报刊门市部和报刊亭等单位都要严格执行邮政总局制定的政策法规、方针、原则以及报刊发行业务处理规则。

就业务功能来说，邮政报刊发行机构分为订销局、省局和发报刊局。全部生产过程都是由这三个局联合作业共同完成的。

（1）订销局：负责办理报刊订阅和零售业务；负责组织所属分支机构办理报刊的宣传、收订、零售、批销和传递工作，以及向省、市、区管理局的订单处理单位要数和缴款。

（2）省管局：省、市、自治区邮电管理局的简称。省管局除管理工作以外，其报刊订单处理部门的业务有：

①办理全省报刊的汇总要数，向发报刊局寄发全省的汇总订单。

②办理报刊款结算业务。

（3）发报刊局：和报刊出版社签订邮发合同，接办报刊发行的邮政局，其也是报刊发行的货源局。它的主要业务有：

①与报刊出版社签订邮发合同，并将报刊的出版情况上报省管局。

②办理全国汇总要数，向报刊出版社通知印刷份数。

③向全国各订销局分发、运送报刊。

④向各省、市和发报刊局办理结算。

3. 对外图书报刊发行机构

在我国加入WTO后，对外文化产业的交流日益增加。在国外创办报刊，向国外出口报刊已成为一些报刊社研究的重要课题。

在20世纪60年代以前，我国的书报刊进出口由国际书店经营。到20世纪60年代初期，国际书店的出口部门被划分出来，单独组成中国图书进出口总公司。该公司由国家科委领导，主要负责图书进口，同时担任部分报刊等的进口任务，侧重于高校学报及在我国召开的世界性的学术会议会议录的出口，如《武汉大学学报》等。该公司内部机构分为：报刊部、文献部、第一图书部、第二图书部。报刊部办理各国和港澳地区报刊进口和少数报刊的代订代发工作；文献部负责进口各国非商业性出版物（如学会、协会出版物）和一些非印数出版物（如声像磁带、地球卫星照片、科技教学电影、各种唱片等）；第一图书部负责进口苏联及东欧各国图书；第二图书部负责进口北美、西欧、亚非等国家和地区图书，并负责各地图书展览、图书出口业务。

中国国际图书贸易总公司是随着我国图书对外贸易事业的发展，于1978年以国际书店为基础扩建而成的，隶属文化部领导。其主要负责除高校及世界性学术会议录以外的所有图书、期刊、报纸的对外发行，也同时开展手工纺品、字画、羽毛制作品等艺术品的对外贸易出口业务。该公司总部设在北京，内部分13个处室建制，由开拓部在国内通过多种渠道组织货源，然后通过5个对外业务部门发往世界各地。事实上，该公司是我国对外发行的主要机构。

中国出版对外贸易总公司于1981年开始筹建，直属文化部领导。1984年7月，对外经济贸易部复函文化部，批准了《中国出版对外贸易总公司章程》和该公司的《进出口商品目录》，才正式确认了该公司的合法地位。该公司的主要任务是：进出口中文书刊及其他出版物；经营对外合作出版业务；经营文化部出版系统所需的技术引进项目及印刷设备、器材的进出口；为全国出版印刷事业的技术改造负责；扩大对外宣传，促进中外文化交流。该公司总部设在北京，并在上海、天津、广东、福建设立了分公司。

二、出版社报刊社发行机构

长期以来，报刊社都设有发行部门，大多是以发行处、发行部、发行中心等名称对外。由于报刊社的发行业务完全委托给邮政发行部门承担，报刊随同信件一起投递，所以报刊社的发行部门实际上只是代表报刊社与邮政部门签订合同，然后催要报刊款。报刊社发行部门由于没有发行队伍并不发行报刊，因此报刊社对于报刊发到哪里去、应该发到哪里去、消费者的反馈如何，都不掌握具体情况。

随着我国的经济体制由计划经济向社会主义市场经济的过渡，图书报刊发行工作也相应发生了变化。新华书店包销图书、"邮发合一"独揽发行格局被逐渐打破。一些出版社参与第二渠道的发行，报刊社的发行部门在职能上发生了根本变化，开始自己组织发行队伍发行报刊，形成了自己的发行机构。

三、社会发行组织

在社会主义市场经济不断发育完善的过程中，一些人开始涉猎图书报刊发行行业，成立了社会图书报刊发行公司、发行站等，逐渐形成社会民营书店、报刊商群体，也就是业内人士所讲的"发行二渠道"。

由于国家政策等方面的规定，从事图书报刊发行业务的个体从业人员只限于图书报刊的零售行业。事实上，国有邮政发行系统与报刊社自有发行组织在进入基层市场这一环节中，始终离不开社会发行力量。

邮政及报刊社发行部门为了便利读者订阅报刊，在厂矿、企业、机关、学校等单位建立社会报刊发行站，负责本单位公款、私人订阅和分发报刊工作。近年来，有一大批从业人员或摆摊设点，或承租、建立书报亭，开展报刊零售业务，已成为城镇报刊销售的主力军。

四、图书报刊发行机构的职能管理

我国现行法规政策规定，图书报刊批发零售的单位必须合法经营。

图书报刊的发行部、发行中心或发行公司首先应到工商行政管理部门去注册，领取工商营业执照；同时要到文化管理部门申领文化经营许可证。从事图书报刊批发的还要到当地新闻出版管理部门申办报刊批发许可证。

第二节 图书报刊收订

一、图书的征订采购

图书的征订采购是新华书店、书商根据出版社的出版计划，按照市场读者的需求进行的，每年开展的图书订货会是图书采购的主要方式。

二、报刊收订前的准备工作

报刊的征订工作，除了日常收订工作外，大部分集中在每年的第四季度。因此每年的年末又被称为大征订季节，这也是报刊大战最为激烈的时期。

1. 发行策略的确定

一般情况下，报刊的发行准备工作是提前进行的。这也就是说，报刊杂志的征订是今年干了明年的活，所以报刊发行的政策要提前半年甚至更长的时间先行确定。

在这个准备的过程中，报刊的版面是否调整、价格是否变动、发行费率的调整、促销手段的确立等，都应根据市场及竞争对手的变化而进行科学的决策。尤其是在目前市场竞争不规范、报刊征订大战愈演愈烈的今天，如果报刊出现决策失误，势必直接影响到报刊的发行市场，造成大量读者流失，订户下降。

比如两张办报风格、版数、价格不相上下的同质化报纸，如果一方采取报价折扣或订报赠物、订报有奖等优惠措施，而另一张报纸不对竞争对手做出任何反应，其征订数量肯定会受到影响。所以报刊社应在每年的大收订之前制定出报刊发行的有关政策及措施，然后与各发行渠道签订发行合同。

2. 征订宣传的执行

在开展宣传之前，报刊发行部门要认真地做好调查研究，对所发行的报刊覆盖地域内的人口、城镇建设规模水准、经济状况及工商企业、文教、卫生事业单位的发展状况等做出详尽的分析，调查清楚公费、私费订阅的比例及读者分布构成情况，然后有的放矢地进行宣传活动。

征订宣传费用的列支应提前做好预算，以免在工作中出现问题。按照惯例，无论是在平时还是在大收订期间，征订宣传都是完成好收订任务的重要前提，包括电视、广播、报刊、户外广告等公司统一安排的和由发行员个人完成的宣传活动，如投递宣传单、上门拜访、摆摊设点现场办公等，都能达到使读者加深印象、扩大宣传的效果。具体的宣传活动可以简单地概括为以下几个内容：

（1）知己：本报及系列报刊的内容、特点、版面设置、价格等报刊有关的知识，各种促销措施及特点。

（2）知彼：建设详细的读者档案。对订户的爱好、阅读习惯、文化水平甚至经济状况进行观察、分析和分类，比如现在的订户为什么订阅本报或系列报刊，未来又有谁会订阅等。

（3）知对手：市场上几种主要报刊的优点和缺点。

（4）勤访：发行部门经常对现订户或准订户上门走访或电话联系，征求意见，培养感情。

（5）勤说：无论是续订户或准订户，发行部门要反复向他们宣传，耐心说服。

（6）勤学习：从书本中学习推销技能，从同行中学习推销经验，工作中总结实践经验。

同时在宣传中要注意几个问题：

（1）随意性：统一的广告主要是宣传品牌，对征订的促销作用较小。因此，投递有限的宣传单时，应有针对性，不能见人就送，见箱就投。

（2）盲目性："敲门订报"是自办发行的常规做法，如果见门就敲，成功率低，既影响发行人员的自信心又干扰民众；在平时的工作中有目的地联系一批准订户，成功率会大大提高。比如说该报刊的"地盘"有二万户，发行人员平时联系其中的10%（包括现有订户），在大收订时任务就好完成了。

（3）被动性：报刊是一种特殊的商品，我们负责发行（销售），但我们对它的修改权却很小（几乎没有）。这种客观存在的被动性就要在工作上更主动、更积极。其中包括把读者的要求迅速、及时地反馈给编报者，使"商品"质量提高，特色突出，满足读者（消费者）的需要。

三、报刊收订方式及秩序

报刊收订的方式一般采取设立固定订阅窗口、上门收订等形式。

窗口收订的业务处理秩序是：

1. 管理订阅

发行员在办理报刊订阅时，要着工作服，佩戴上岗证，态度和蔼，耐心细致地为读者服务。发行员要先问清楚读者想订哪种报刊，是新订还是续订。对于报刊的阅读者的成分，如果办理订阅者本身就是读者，就想尽办法做好交流沟通，了解清楚读者为什么喜欢订××报刊，对办报及投递还有什么好的建议等。然后发行员问清楚报刊订户希望何时看到报刊，向人家解释报刊时效问题。最后问清楚订户希望送达的地点是哪里，是希望送到工作单位的门卫，还是送到居住地的报箱等，并向订户宣传优质服务的有关承诺。

窗口服务流程如下：

（1）打招呼

①必须面带微笑，有精神且声音响亮地向读者打招呼。

②正确使用问候语。

（2）收订时接受读者的要求并做适当的推荐

①眼睛注视顾客，倾听顾客的订阅需求。

②顾客询问价格及订期规则时，服务人员应耐心为其解说。

③向顾客推荐更优惠、更合理的订期（如订一年可参加抽奖或享受优惠等）。

④服务人员根据需求填写订报发票，与读者核实无误。

⑤向订户询问："请问您需要订阅其他报刊吗？"

⑥观察对方反应，如顾客犹豫时，可及时向其介绍其他报刊。

（3）收、找金额

①把订报总金额告知顾客说："多谢您的报款×××元。"

②服务人员从顾客手中接过金额时，需大声读出金额数："收您×××元。"

③找零钱给对方时，应清点正确，并大声读出找回的金额数："找您×××元，请清点。"

（4）顾客道谢和欢迎顾客再度光临

①向订户表达衷心感谢之意，说："多谢您对《××晚报》的支持。"

②向订户表示愿意随时接受服务质量监督，不断改进服务质量，说："如我们在服务方面做得不够，可打我们的服务热线电话。""服务上有什么要求请随时与我们联系。"

③向订户表示会跟踪服务。

注意：

A. 这些话语必须是发自内心的，不要只是机械式地吐出语句，流于形式。

B. 必须目视对方，亲切问候。

（5）赠送报箱

①对订户要求赠送报箱并上门安装的，投递员要先与订户联系好上门安装的时间。

②备好报箱及钉箱工具，按订户地址和预约好的时间前往订户处安装报箱。

③礼貌地向订户问好并询问报箱的安装位置，装订好报箱。

④离开时应向订户告辞并说:"报箱装好了,您看合适吗?""再见。"填写报刊订阅单(如表5-1)。

表 5-1

报 刊 订 阅 单

年　月　日

户名:				(自费／公费订阅)	
地址:　　　区　　　电话:					
报刊刊号	报刊名称	起止订期	份数	款额	收据号码

注意事项:区街里巷门牌请填写清楚以免投递不出。

经手人:

报刊订阅单最好由读者自己填写清楚、准确,是读者办理报刊订阅的根据。如日后读者申诉,就要查找订阅时读者亲自填写的报刊订阅单。

读者在报刊订阅单上,只填户名、地址、报刊名称、份数及起止订期,其他项目由发行员补填。

2. 审核订阅单,翻查报刊目录

发行员要认真审核读者填写的报刊订阅单,发现不符,立即更正。

（1）审核户名：个人订阅，要写清姓名；公款订阅，要写单位的全称。这样做，是对读者负责，以免收不到报刊。尤其在大城市，一条长达十几公里的街道，户名含糊，容易错投。

（2）审核地址：报刊订阅单上的地址要有区名、街名、胡同、里、巷名称和门牌号码。楼房还要加上房间号数。尤其在大城市，重名的街道很多，如果在报刊订阅单上漏写街、里字样，就会给投递员增加"试投"的麻烦，甚至会造成无法投递。目前在楼群内，大部分城市都安装了信报箱，如果漏写房间号，虽然找到了楼门牌号，投递员也不知投入哪个信报箱内。

（3）审核报刊名称：报刊订阅单上的报刊名称要与报刊目录上的名称完全相符。尤其是报刊名称相似的，更要一字不差，绝不允许含糊。如《中国青年》与《中国青年报》、《药学通报》和《药学学报》等，一定要书写清楚。

另一类是报刊名称完全相同，而出版地不同，如《支部生活》全国有六七种之多。或同一报刊，用几种不同的文字出版，如《中国建设》《中国画报》等。审核时，报刊名称相同而出版地不同的报刊，发行员要请读者注明出版地；文字不同的报刊，发行员要注明文别；名称相近的报刊，发行员要和报刊目录逐字核符。

订阅款额是由报刊定价、定期的长短和订阅份数决定的，三项数字核准后，就可将计算出来的应收款额写在报刊订阅单的款额栏内，由发行员告诉读者，请准备付款。

3. 填写报刊费收据

报刊费收据是订户订阅报刊的凭证，也是报刊发行部门内部业务处理的根据，必须填写清楚，准确。

报刊费用收据分报纸和杂志两种，都是一式三联（如表5-2、5-3所示）。第一联是收据，它是读者订阅报刊的凭证，以后如有查询、改寄或退订，都要以收据为凭，它也是公款户入账的原始凭证。第二联是订户卡，它是进行业务处理和分析发行情况的投递卡，也是订户签收的依据。所以三联必须永远保持一致。

开写报刊费收据要按下列程序和规定办理：

（1）报纸收据和杂志收据必须分别使用，不能混用。

（2）要按收据的号码顺序使用，不能跳号填写。

（3）三联一次复写清楚，不能一联一联地分别填写。开写时，照抄报刊订阅单，最后将收据号码填入报刊订阅单的"收据号码"栏内。

（4）文别不同或出版地点不同而报刊名称相同的，要在报刊名称后边加注文别或出版地名。

（5）在起止订期栏内，报纸整订可以写月份，如1月、1～3月等；杂志整订可以写季度，如第1季或1～2季。报纸破订要写起止日期，如3-3～3-31；杂志破订要写期数，如2～3期、3～6期等。

（6）款额栏，应在报刊款之前加"￥"符号，如￥2.40。

4. 复核、盖章

收据开写完后，工作人员要进行一次复核，这是保证发行质量的措施之一。复核时，报刊费收据和报刊订阅单须逐项核对，看看有无错、漏的地方；这时，如对报刊刊号、起订日期、共计款额有怀疑，工作人员要查看报刊目录，直到准确为止。确认无误后，随即加盖名章和公章。

复核收据发现差错，不要涂改，应将已开的收据划销，另开新收据，向读者收订。因错开而划销的收据，要和订阅单、缴款单一起存档，并把收据号码写在缴款单上。

5. 收款给据

收款给据的工作顺序是先收款后给据，在递出收据时，要请订户核对一下收据上的户名、地址和报刊名称有无错误。

收款找零要唱收唱付。就是收到现款时，要大声说出收到的钱数，找零钱时再大声说出找出的钱数，将找出的零钱和收据一同交给订户，然后再把钞票按面额分类放入抽屉内。

表 5-2 甲

（甲）第一联

报 纸 收 费 收 据　　　第　　　号

户名：＿＿＿＿＿＿＿　　（自费／公费订阅）

地址：＿＿＿＿＿＿＿　　电话：＿＿＿＿＿＿＿

报纸代号	报纸名称	起止订期	订阅份数	每份(月、单)价	共计款额

订户注意：
1. 请核对填写的内容是否正确。
2. 收据数字如有涂改或未加盖日戳和开据人员章无效。
3. 如有查询等事项请交验本收据。

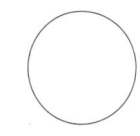

收订人员

表 5-2 乙

（甲）第二联

段别	

订 户 卡　　　　第　　号

户名：_____（自费／公费订阅）

地址：_____　电话：_____

报纸代号	报纸名称	起止订期	订阅份数	每份(月、单)价	共计款额

收订人员

表 5-2丙

（甲）第三联

段别	

<u>投 递 卡</u>　　　　第　　号

户名：————————　（自费／公费订阅）

地址：————————　电话：————————

报纸代号	报纸名称	起止订期	订阅份数	每份(月、单)价	共计款额

收订人员

表 5-3 甲

(乙) 第一联

段别	

杂志代号	

杂 志 收 费 据　　　　第　　号

户名：_____（自费／公费订阅）

地址：_____ 电话：_____

杂志代号	报纸名称	起止订期	订阅份数	季每份单价	共计款额

注意事项
1. 请核对填写的内容是否正确。
2. 本收据数字如有涂改或未加戳和收订人员名章无效。
3. 如有查询等事项请交验本收据。

收订人员

表　5-3 乙

订 户 卡　　　　　　　　　　　第　　号

（乙）第二联

| 段别 | |

| 杂志
代号 | |

| 订户
住室
标志 | |

户名：_____（自费／公费订阅）

地址：_____　电话：_____

杂志代号	报纸名称	起止订期	订阅份数	季每份 单价	共计 款额

收订人员

表　5-3 丙

投 递 卡　　　　　　　　　　　第　　号

（乙）第三联

| 段别 | |

| 杂志
代号 | |

| 订户
住室
标志 | |

户名：_____（自费／公费订阅）

地址：_____　电话：_____

杂志代号	报纸名称	起止订期	订阅份数	季每份 单价	共计 款额

收订人员

四、上门收订

随着报刊市场竞争的加剧，坐等客户上门的传统收订办法已越来越受到挑战。尤其是在近年各报刊自己组建队伍发行自己的报刊的情况下，服务上门已成为提高发行服务质量的一个重要承诺。有些报刊社甚至实行全员发行制，把采编、广告人员也调动起来，在大征订期间包片、包系统，上门搞征订，也就是业内人士经常说的"跑发行"。

上门收订的方式是：

1. 敲门入户法

这种征订办法是指发行员采取拉网式上门服务。发行人员按照分工在自己的服务辖区要求挨家挨户地跑单位、跑订户，让读者不用出门就可以感受到订阅报刊的方便。

由于历史情况不同，人员配备条件不同，因而上门收费业务范围也就不尽相同。一般来说，报社发行部门设专职收费员和发行员，分别收订城乡机关、企业和零散户的全部报刊征订费；由投递员兼办的，只收零散户的报刊征订费。

上门收取报刊征订费，应由发行员预先根据订户卡开好续订报刊费收据，通过报刊费收据交接簿交派出的收费人员去订户那里收取。为了方便读者订阅报刊，专职收费员可以携带空白报刊费收据上门收订。空白报刊费收据应当严加管理，以免发生弊端。在上门收费人员中，只有专职收费员可以领取空白报刊费收据，可以对读者自行开据和收款。报刊发行部门一般不发给兼职人员空白报刊收据，遇读者要求订阅时，请读者填写报刊订阅单，将订阅单带回，交发行员开据，然后再拿着发行员开好的报刊费收据，向订户收款。发行员和收费员之间交接收据、卡片时，都要登记报刊费收据交接簿等，互相办理交接签收手续。为了保证款据一致，领取空白报刊费收据的人员，应将领取的数量、起止号码登记在空白报刊费收据登记簿。缴款时，在订阅报刊缴款单的附件栏填写卡片张数和起止号码。督察员、会计人员及发行站长等各级管理人员有责任经常抽查空白报刊收费收据的领取、使用和保留情况。

上门"洗楼"流程：

（1）发行员穿着工作服，佩戴有效证件。带备发票及笔、复写纸、零钞、报箱等。

（2）发行员上住宅大楼咨询征订前，先与该住宅楼住户说明来意，住户开了大楼防盗门后，自下而上逐户咨询征订。

（3）发行员在住户门前轻按门铃或轻敲门2～3下，敲门要有节奏，不能快速连续敲，更不能砰砰拍门。电铃轻按即松开，停顿一下再按第二次，不要按住不放。

（4）当住户问是哪位时，发行员应微笑地打招呼："您好！"然后及时自报家门。自我介绍时要讲清楚自己的身份及来访目的。遇到住户房门虚掩或完全敞开时，发行员也要敲门或在门口询问是否有人在家，然后表明身份，征得主人同意后方可进门。

（5）发行员用准确扼要的语言向住户推介《×××报》，介绍报纸的可读性及其特色，同时介绍报社的服务承诺。

（6）当住户同意订报后，发行员应马上按订户要求的订报起止日期开具订报发票，与订户核实后，向订户报出收费金额："多谢×××元。"

（7）收齐报款，发行员把订报发票交给订户过目。

（8）当遇到住户不订阅报刊或暂不想订报时，发行员可给住户留一份所属发行站的征订电话号码，并说："欢迎您随时订阅《×××报》！"

（9）不论住户订报与否，服务人员离开时都必须微笑向住户道别："谢谢您！""谢谢您对《×××报》的支持！"

2. 摆摊设点法

这种办法是指发行人员按区域分成不同的征订小组，在交通要道、广场、规模大的机关企业单位及居民小区等设立临时的订阅点。临时订阅点要悬挂报刊发行宣传品，有条件的报社可以利用录放设备播放报刊征订优惠措施等，形成比较热烈的气氛，吸引读者前来咨询，以达到当场订阅报刊的目的。

设点收订流程：

（1）在指定的收订点摆放好桌凳、彩旗、收订宣传牌及当天的报刊、报箱等。

（2）备齐订报发票及笔、价目表、复写纸、零钞、计算器等收订用品。

（3）用心观察周围的行人，在合适的时候，发行员应大声向行人推荐阅读："请看今天出版的《×××报》！"其还向订阅目标人物推荐订报："请订阅《×××报》！"

（4）当有顾客走近时发行员应微笑地向他们打招呼，并耐心地听取他们的咨询或意见，了解他们是否愿意订报或买报。

（5）发行员向顾客介绍报刊的版面内容及可读性，同时介绍报社的服务承诺。

（6）当顾客要求或同意订报后，发行员立即给顾客办理订报手续并收齐报款。

（7）当订户要求索取报箱或上门安装报箱时，服务人员应在发票右上角注明"已取报箱"或"请上门安装报箱"等说明。

（8）当遇到顾客说要回家和家人商量后再订阅时，发行员应向他们送上发行站的订户联络卡，并说："欢迎您随时订阅《×××报》！"

（9）不论顾客订报与否，离开时服务人员均应微笑向顾客道别："多谢您对《×××报》的支持！""欢迎您随时订阅《×××报》！""再见！"

3. 来电预约征订法

通过广播、电视及报社自己的媒体、宣传单等大力宣传征订的优惠措施，并在宣传时放上读者征订热线电话，这也不失为一种好的收订办法。有些报刊发行部门还设立拟订形象代表，专门对预约上门的客户进行承诺服务，真正实现了"电话一打，报刊到家"的效果。

来电预约订阅流程：

（1）当服务人员接到读者来电表示要求上门收费服务时，服务人员应详细记录读者的地址、电话号码，并征询上门收费时间。

（2）服务人员上门收费前，应先用电话与读者约定上门时间，让读者有所准备。上门时间服务人员应以避开吃饭和休息的时间为好。

（3）带齐收订所需物品，按预先约好的时间上门办理订报手续。

（4）找到读者后，服务人员应先自我介绍身份及来意，在获得读者认可后，立刻给读者办理订报手续，填写好发票的各项内容，向订户复诵一次投递地址及订报起止期，报出订报金额："×××元。"

（5）服务人员收齐报款，把订报发票交给订户过目。

（6）服务人员离开时应以微笑与读者道别："谢谢您对《×××报》的支持！""再见！"

第三节　报刊款收缴与审核

在平时和大征订季节，报刊款的及时上缴至关重要。由于订户分散，报刊款的额度也大小不一，加上发行员的素质参差不齐，所以报刊款的收缴与审核必须有严格的规定和纪律做保障。

收款的方式分为现金、扫码、支票支付等，现在发展为以微信、支付宝扫码为主要方式。

一、报刊款上缴

无论是营业窗口收订还是发行员上门收订，每天收进的报刊款都应当日缴清，不许滞留或少缴，这是报刊款管理的基本要求。开出报刊费收据，不按时上缴订阅款和订户卡，从中挪用或贪污，都是犯法的行为。每位报刊发行人员，自参加工作之日起，就要树立遵纪守法的观念。

（一）窗口收订人员缴款

营业窗口收订人员，每天营业终了，办理缴款时，要按下列程序进行：

1. 理顺报刊订户卡号码：第一步是按报纸、杂志将订户卡（包括投递卡）分开，再按整订和破订分开，并理顺它们的卡片号码。

2. 分别加算应缴款额：按报纸整订、破订，杂志整订、破订分四类计算卡片上的共计款额和卡片张数，先将各部分应缴款写在每叠卡片的最后一张背面。

3. 计算共计应缴款：将四类卡片的应缴款加总，得出共计应缴款，与收进款相核对。

4. 整理钞票：缴款要整理收进的先进和支票，同面值的钞票够百成捆，同面值的硬币够百成卷，盖上名章。不够一百张的钞票，要按面值大小顺序放置，小值在前，大值在后，硬币也是如此处理。

对收进的支票要在其背面签字或盖章，记录经手人是谁，便于日后查找。此时还要复核一下开票日期，按照当地银行的规定，看一看有无过期的支票。

发现过期支票，要立即通知开票单位，马上更换。最后计算出支票的张数和款额。

将现金与支票相加，得出共计收订款，与卡片的共计应缴款核对相符。

5. 填写订阅报刊缴款单：收订款与应缴款核对相符以后，要分报纸整订、破订、杂志整订、破订，填写订阅报刊缴款单（见表5-4）一式三联。缴款单按年顺序编号。

填写缴款单时，首先填写缴款单位名称，其次将共计款额填写准确，因为它是收订人员与出纳员办理报刊订阅款交接的凭证；订户卡张数和起止号码，要在附件栏填写准确，因为它是收订人员与管卡人员办理卡片交接的凭证。最后，在缴款单位上盖好缴款人名章和日戳。没有日戳的要写上缴款日期。

表 5-4

订阅报刊缴款单　　　第　　号

缴款单位　　　　××发行站

项目		款额
报纸	整 订	
	破 订	
杂志	整 订	
	破 订	
手续费		
共计		

附件和号码		
报纸新订卡	张第	号
杂志新订卡	张第	号
退订款收据	张第	号
汇　　票	张第	号

附注：第　　　号报刊款差错通知单补缴

缴款人：×××

出纳员：×××

6. 缴款：订阅报刊缴款单的共计款额与现金、支票相符以后，应向出纳员缴款。出纳员点数相符，在三张缴款单上加盖名章，表示收到，自留一联，退给收订人员两联。收订人员以一联存档，另一联连同订户卡、投递卡交给发行员。

7. 存档：营业窗口的档案有报刊订阅单、报刊订阅清单、订阅报刊款缴款单及作废卡片，将这些单、卡理顺，按日保存，按月封包。在封皮上写明年、月。设立发行档案室的报刊，服务人员将相关材料交档案室保存；没有档案室的，由营业员自己保存，留待日后备查。

（二）上门收费人员缴款

上门收费的专职收费人员或兼职的投递员，他们收进的报刊杂志款分新订和续订两类，新订部分的缴款手续和窗口营业员的手续相同。现在详细介绍报刊续订缴款的处理方法。

1. 收费人员业务处理手续

（1）缴款时限

续订报刊款和新订一样，必须在当天或当班缴清，不许滞留。有的地区，专职收费人员在月末工作不太紧张时，把一天收进的续订收据分为两天来缴款，这样虽然不是直接挪用公款，但延迟了报刊款入库的日期，同样是违反报刊款管理制度的错误行为。所以，收费人员要明白当日缴款的道理，不做违反纪律的事情。

（2）计算应缴款

根据已收费的续订卡，按报纸、杂志分开，再进一步把同报名或同单位的杂志卡排在一起，分别加算出报纸、杂志的件数和款额。

（3）点数现金

点数现金、支票的办法和营业窗口相同。收费员计算出的应缴款与实收现金核对时，先进少于应缴时，称少收款；多于应缴时，称多收款。不论多收、少收都要仔细查找，发现少收，先查看背包口袋，有无残留的钞票或支票；多收时，有无将续订卡遗留在其他地方的情况。当时查找不着，数额又较大，估计不是收款找零的小错，需要另外自己查找时，要将卡片留存，把现款先按"预缴款"上缴，等到找出答案时，再正式缴款交卡。

（4）填写订阅报刊缴款单向出纳员缴款

续订报刊款的钱据核对相符后，像营业窗口一样，填写订阅报刊款单一式三联向出纳员缴款。有的地方为了与新订区别，还要在缴款单上批写"续订"字样，便于会计员与发行员对账。出纳员点数现金、支票，与缴款单核符后，在三联缴款单上盖名章，并自留一联，以两联退给收费员。

（5）填写报刊费收据交接簿，向发行员交回报刊续订卡片。收费人员认为当日工作无误时，将缴款单、续订卡，连同交接簿一齐交给发行员处理。

2. 发行人员业务处理手续

发行员接到收费员的续订卡以后的业务处理手续。

（1）核算交回的续订卡片张数和款额

发行员收到报刊费收据交接簿、续订卡片和报刊缴款单以后，认真点数卡片件数，仔细核算收进款额，逐项核点相符后，在收费员那张交接簿上盖章，表示收到；然后按交接簿所列收进件数、款额、结存件数、款额抄入自己掌管的交接簿上；再将应退给收费员的那张缴款单盖上名章，连同交接簿一齐退给相关收费员。

（2）审核停订卡片

接到收费人员退回未缴款的收据（停订收据）时，发行员要认真察看是否是用红字填在交接簿的"发给／收到"栏，是否在备注栏写有"退回未缴款收据"字样。收费员在月末最后一次办理交接时，交接簿结余栏是否为"0"。停订收据一定是三联并存，检查一下有无短缺。停订收据上应批有未缴款原因，检查一下是否批注清楚。

二、审核

各收订单位和收订人员的缴款工作办理完毕以后，其款项的处理工作要由出纳员、会计员继续办理，订户卡、投递卡的处理工作，则需由发行员来办理。

审核收订单位交来的订户卡、缴款单，是为了发现差错，确保质量，便利下一环节作业。审核就是要贯彻不保证质量不出手的原则。

窗口收订人员、上门收费人员和各分支机构交来的总订户卡、订户卡最后都要集中到报刊发行员手里。这些单、卡是发行站办理报刊要数、缴款的原始凭证，也是投递部门办理报刊投递的原始凭证，更是以后一系列业务处理的基础。单、卡内容正确，可以使下一环节的工作顺利进行，把关工作稍有疏忽，就会给下个环节带来隐患。所以审核是一项十分仔细、重要的工作。

发现差错，除及时解决纠正外，也要通知相关人员和相关单位，从中吸取教训，积累经验，以便不断改进自己的工作。

三、审核方法

发行员对各处交来的订阅报刊缴款单，订户卡、总订户卡都要按照规定，一一进行审核。

1. 审核工作的时限

在收到单、卡的当日，最迟于次日审核完毕。

2. 审核的内容

（1）审核订阅报刊缴款单

审核订阅报刊缴款单就是要审核缴款单位、缴款日期是否清楚准确。如果缴款单位或缴款人填写不清，日后会计就不知与何处结算账款；缴款单上的日期必须与实际发出日期相同，否则，如本批收到的总订户卡中有迟到的报刊，耽误要数时，不好划分责任。

一是要审核缴款单上有无出纳员盖章。出纳员未盖名章，不能说明已将报刊款缴清。因此，这样的缴款单无效。如果出纳员漏盖名章，发行员也要提醒出纳员注意。

二是要审核缴款单上的各项款额相加以后，是否与共计款额相符。有报刊退订时，退订款是否用红字填写。

三是审核缴款单上的附件栏是否与所附实物相符。这项工作往往容易被忽略，这项工作关系着日后查询，绝对不许放松。设若支局交来的总订户卡，没有认真点数其张数和核对其起止号码，日后查询，声称漏要时，找到相关缴款单，上面写着这张总订户的号码，由相关发行员负责。没写这张总订户卡号码，由分支单位负责。

(2) 逐张审核订户卡和总订户卡

对每张订户卡和总订户卡都要从头到尾审核清楚。如户名是否齐全、地址是否详细、报刊刊号和报刊名称是否一致、起止订期是否符合规定、款额计算是否准确等。对总订户卡还要审核是否符合要数批次的规定。

(3) 检查订户卡、总订户卡有无涂改迹象，填写是否符合规格要求。

第四节　报刊分发与投递

报刊的印刷现场是报刊分发的源头。分发的速度和准确直接影响投递时效，只有在规定时间内完成分发任务，做到准时、准确无误，才能保证订销业务由数字安全平稳地转移过渡到实物传递。报刊的分发既对报刊要数起到检验作用，又在实物传递的最后阶段，即投递与零售工作的顺利进行起到保障作用。

一、报刊分发的规定与秩序

(一) 报刊分发的一般规定

1. 报刊分发现场布局，必须适应工作需要，要按趟班路线排定码放堆位，并设立醒目标牌。

2. 各种报刊必须由分发人员按顺序分发，任何人不得自行拆捆、取走，也不准抽拿翻阅。

3. 报刊分发人员要努力学习业务技术、了解报刊发行的生产过程和上下环节之间的关系，掌握常见报刊的刊号和刊期，熟悉报纸开张、套印，杂志开本、打捆、封装的规格及市内趟班的频次和时限。

4. 各分发台都应及时修改报刊目录，对合刊、休刊、增刊、增版、改变报刊刊号、刊名等与报刊分发工作有关的变动应专门登记备查，并用小黑板随时公布。

5. 进口报刊由于运输破损或其他原因倒数不足时，除及时清查外，一般应暂停分发。但读者面广、影响大的主要报刊，可按先远后近的原则，同时做好记录，待到齐后补发。

6. 坚持当日事当日毕，不给下一班或下一环节遗留问题或差错。

7. 在操作过程中，不准说笑打逗，严禁吸烟，对邮袋、报皮布、包封纸、袋牌不能乱扔乱甩，保持现场安全、整洁。

（二）报纸分发

现场分发是争分夺秒的关键环节，要做到接报、点数、套报、装袋、封标等一气呵成，在限定的时间内完成全部工作，同时对印刷数量、分发数量、余报数量三项指标进行核对，确保分发足量。

1. 直接分发

为了保证投递时效，可对一些重点区域的发行站直接分发，不再有中间环节进行中转，以简化程序、提高效率。

2. 接受报纸袋捆

分发的报纸一般都进行装袋或皮封，与运输部门办理交接时，要按路单所列袋数逐一核对，完全相符后，在路单上签收。签收前，注意有无破损，如有破损，应将情况批写在路单上。

3. 拆袋核数

开拆报袋后，取出报纸捆、卷，根据报纸标签上所列报名份数，核点报捆，算出份数，再点数零头。整捆份数加上零数应与标签上的份数相符。

4. 找出相关报纸分发表

根据到货品种，找到相关报纸分发表，核对报纸名称、份数和报头日期，报纸标签、分发表、实物三者一致后，即可照表分发。

5. 按表分发

分发报纸采取边拆袋捆，边按分发表点数分发，边投格眼的方法。各种报纸均在尾数沓的报头空白处用铅笔轻写局名、代号和份数。外省、市出版的报纸应发份数超过一捆的，除尾数投入格眼外，另行存放，待分发完毕后，一并按局归堆。在一个格眼内的不同报纸，应按齐边与毛边交叉码放，以利落格眼时点收。每一种报纸分发完毕后，在分发表上填写收到日期及分发员姓名。用完后，将分发表按刊号次序归回原处，月末存档。

6. 填制路单交运

全部归堆完毕后，再填制路单。填制路单时，由两个人配合进行。一人点清报捆，报唱局名件数，一人答应填单。路单填好后，按时交给市内运输部门签收，路单底页顺序存档。

7. 退回报袋

全部分发完毕，要打扫分发现场，清退报袋，报袋必须当日清退，以利周转。

（三）杂志分发

1. 接收杂志袋捆的手续和注意事项与报纸基本相同

2. 开拆、登记

（1）开拆一种杂志，根据其刊号、期别提取相关杂志分发表。

将杂志袋捆按种归并后，找出尾数，核算出共计份数，然后核对杂志标签。杂志、分发表与实到现货，三者必须份数相符。量大的杂志要验看每捆多少份，一袋装几捆，共有多少袋，仔细计算实收份数。

（2）收到散捆或标签脱落、标签模糊的杂志，要认真进行查核。

（3）按规定项目登记进口杂志登记簿。

（4）按杂志名称集中归堆码放，尾数放在最上面，等待分发。

（5）集中本日到达的杂志订阅分发表和零售分发表，并缮造零售报刊到货单，通知零售管理员。

3. 分发、打捆

分发前应逐刊核点归类码放的捆数与尾数，并与分发表上所列份数相符。核符后方可分发。

二、报刊投递

报刊投递包括接收开拆报刊袋捆，分发交投和报刊投递三个生产环节。报刊投递要和市内运输紧密衔接，必须做到迅速、准确、安全、妥投。

（一）接收、开拆

接收，就是将市内运输部门从分发现场运来的报刊袋捆，按路单所列件数妥收。接收作业的主要任务是按时接车,只能人等车,不能车等人。

发报车到后,对卸下来的报刊袋捆,按路单所列件数,点数报刊袋捆、数量、规格、袋牌,均准确无误后,在路单上签收。

在接收报刊袋捆时,如发现不符,或袋捆破损,应在路单上批注,会同司机共同签证,并向报刊分发部门缮发"报刊发行验单"或用电话联系解决。

市内班车应正点到达。如有到达不准,要在路单上批注到达时间,以便分清延误责任。在检查袋牌时,顺便查看报刊袋捆有无水渍、污染等情况。

班车离去后,应立即将报刊袋捆运到固定存放地点,先分类码放,最后是清理交接现场,查看有无遗留的报刊袋捆,保证准确与安全。

开拆就是打开报刊袋捆,按报刊名称及到货份数与分发标签或分发清单核对清楚。

开拆作业的要点是:仔细核对、分类点数、发现问题、及时解决。

开拆工作与接收工作由同一人办理时,对接收完毕的报刊袋捆,当时便可开拆。如果是由两个人分别办理时,负责开拆的人,还要履行上述接收手续,分清责任。

开拆作业的操作程序可以分为:

1. 开拆:逐个打开袋捆,找到分发清单或分发标签。每拆开一袋,先将袋牌收起,集中存放妥当,防止袋牌丢失。取出报刊时,要轻拿轻放,防止散捆、散乱和破损。

2. 对数:按分发标签找出相关报刊分发表,将标签上的报刊名称、出版日期(期数)及份数与报刊分发表核对清楚,并在分发表上登记报刊到达的日期。

3. 点数：分别核点报纸整数、零数、正张、副张的份数；分别核点杂志整捆、零头的份数。

4. 码放：报刊点数份数相符后，先分类分堆码放，码放的地点和方法，以便于分发作业为原则。

5. 理袋：报刊开拆完毕应检查开拆现场，看有无遗漏的报刊；再检查开拆过的空袋、报皮布，纸卷内有无留存的报刊，再将空袋皮、报皮布理顺，放在固定的地方。

6. 问题处理：发现报刊的应收份数不符时，应查明原因，向组长报告不符情况，并按规定向报刊分发部门缮发报刊发行验单，或用电话直接联系解决。对多发的报刊，要及时随验单退给分发部门；对少发的报刊填验单，要求补发。无论多发、少发，都要登记备查。

（二）分发交投

报刊开拆之后，随即转入分发交投工序。这是将开拆后的报刊，按投递段分发并向投递员交接的一道工序。

1. 分发工作的一般规定

报刊分发必须紧密地衔接投递班次进行，并按照交报时间，在投递作业开始之前，将报刊全部分发完毕，以便按时向投递员办理交接。

业务量大的投递局，可配备专人，一般情况下，可以由投递组长或发行员兼办，由投递员协助。

分发作业的主要任务是根据报刊分发表所列各段份数分开，按数交给相关投递员。

分发作业的要点是按表分发，随刊下卡，准确投格，保证质量。

2. 分发的作业程序

（1）按照先报后刊的顺序作业：分报纸时，先分数量多的报纸，再分其他报纸（主要是期报）；分杂志时，先分大刊，再分小刊（即数量小的刊种）。按种分发，严禁混杂。

（2）报纸分发：将来报一种一种地取出来分发，每种报纸按正张、副张、整数、零数分别放在桌面上。找出报纸分发表，按种核对报刊名称、份数，核实无误后，按分发表所列各段份数，点数分发报纸，投入相关格眼内。投格时，先入整数，后入零数，按50张或100张成叠，交叉码放。报纸入格后，要进行复核，保证质量。

（3）杂志分发：分发杂志，先要按到货种类，找出相关投递卡，并按代号顺序排好，再按杂志分发表上的份数核对每种刊卡前面的计数表上的份数。投递卡计数表上的份数要与分发标签或分发清单上的份数相等。

（4）分刊：按分发表逐段点数分发，每点完一个段，随即投入相关格眼，然后再点一个段。对整捆大刊，可按捆计数，不必拆捆，入格时，要将杂志顺头顺面，摆放整齐。对整捆杂志不便入格时，可先送到该段投递桌上，以免占地。

（5）分卡：每分完一种杂志，要另分刊卡，并在分卡时复核入段的杂志有无误分。如果采用按卡分刊的作业方法，即可按段随分刊随下投递卡。

（6）复核：杂志分完要复核一遍，保证不出差错。

3. 交投

交投就是将已按段分发完毕的报刊，按照规定的时间和交接手续，交给投递员，以便按照投递卡上的订户地址投递报刊。工作要点是按时交接准确点数，发现不符，及时查对。

报刊交给投递员时，要由投递员当时核对报刊名称、份数，对于杂志，还要签收。

交投作业的程序如下：

（1）报纸交投：报纸在交给投递员时不必签收，可由各段投递员自己从相关格眼中取出报纸，与自己管理的投递卡片核对报纸名称和份数，核对无误后，再进行排报作业。如发现份数不符，应立即找分发员解决。

（2）杂志交投：投递员从格眼中取出杂志以后，与所附投递卡核对杂志名称及份数，无误后，在杂志分发表上盖章签收。

（3）分发员在投递员作业时，应随时处理多数、少数等问题。多数的收回，少数的补发，如系整叠、整捆内短缺，应在"多报、少报登记簿"上记录有关情节，并与市局分发单位联系补发。对多发的报刊要随验单退回。

如果发现报刊存在破损、缺页、倒装、污染等情况，应及时反映并要求更换。

（三）投递内部作业

报刊投递的方式主要是按址投递，也有窗口领取的。

报刊投递是报刊发行业务的终端，各种报刊订阅业务，最后都要由投递环节来完成。按址投递就是投递员直接把报刊送到订户家里。按址投递具有服务对象分散、工作条件艰苦和个人独立作业的特点。

1. 按址投递的作业程序

投递报刊一般可分为四个作业工序，即准备工作、内部作业、外部投递和结束工作。

2. 准备工作

准备工作是在每班内部作业之前进行的，可分为思想准备和作业准备两项工作。

（1）思想准备：一是要精神集中；二是对本班工作有一个较为周密的安排，做到心中有数。

（2）作业准备：

①检试车辆：尤其是摩托车，必须做好车辆的发动、检查、调试工作，确保在运行当中不出故障。

②备好作业工具、防雨用品和其他防护用品。

③妥善办理落格眼、撤下、增加投递卡片及改寄等工作。

3. 内部作业

内部作业指投递员领到报刊后，对报刊进行顺序的排列，为外部投递做准备。

（1）接收报刊：从格眼中取出自己应投的报刊，点数份数与投递卡份数核对相符。

（2）按投递路线：将各种报刊顺序排列。

（3）报纸作业：

①拆、套报纸：同样的报纸，机印时套在一起的，要拆开，有副页加张的，要将加张和正张套在一起，便于投递。

②配报：将各种报纸按户配在一起。方法是按报纸投递簿将各种报纸配套在一起，使每户成叠，并使各户的报纸按投递顺序排成一条龙。对机关大户可另行放置。

（4）杂志作业：

①点数：先核对刊卡和来刊的代号、名称是否相符，并将整捆杂志和格眼中取下来的零数分别点数份数，并与投递卡份数核对清楚。

②排列：先按投递顺序把各种杂志投递卡混排成一条龙，再按卡配刊。并且来刊也需混排成一条龙。机关、企业、学校等大宗订户的刊卡和杂志可以分堆另行放置。

（四）投递外部作业

外部投递的主要任务是将排好路线的报刊准确、迅速地投送给订户。

在投递过程中，服务对象不同，环境不同，条件不同。因此，投递员除了要树立"读者就是上帝"的思想，还要与各单位收发室或个人订户搞好关系。做到严守工作岗位和遵守劳动纪律。

1. 外部投递的一般规定

（1）各类报刊按投递卡所写的地址投送。

（2）机关、企业、学校等单位的公、私款订户，投递员要投到单位的收发室；楼群宿舍投到信报箱；一般零散订户按址投递或街道接转点。农村订户一般投到乡或行政村的指定地点，大中城市党、政、军领导机关和订阅数量较大单位，可以实行专段投递。

2. 按址投递的手续

（1）投递报纸，不必签收，只需当面点清份数即可；投递杂志，需订户在投递卡背面签收。签收确有困难的订户，可由投递员批注备查。

（2）向新订户第一次投递时，投递员应先与订户取得联系，核对户名、地址、报刊名称及份数，并约定今后的投送方法。

（3）按址投递因故无法投出的报刊，投递员应批明原因，交主管人员处理。

（4）对所投报刊，如果存在印刷模糊、缺页、倒装等原因，订户拒收或要求退换时，投递员应当接受，带回交主管人员处理。

（5）投递时，投递员应查看投递卡或报纸投递簿，要看清全址，与订户住址核对准确，再行投递。找到订户地址后，投递员要询问清楚订户姓名后才能递交，对新订户第一次投交时更应如此。

投完机关大户，临走时，投递员要仔细检查交接现场，有无遗留下来的东西。对楼群宿舍，投递员要看准信报箱号码，不能错投。报纸须全部投入箱内，不能将一部分露出箱外，防止被他人随手抽走。

（6）投完末一户时，要彻底检查报兜有无剩余的报刊，防止漏投。发现剩余，要仔细回忆投递情况，找出漏投户，当班补投。绝不允许把报纸带回或销毁。到末一户时，发现无报可投时，也要回忆情况，从投重的订户那里要回，投给相关订户，不准欠投。

（7）外部作业要随时注意安全，做到离车加锁，背包不离身；中速行车，遵守交通规则；防风防雨，保证自身和报刊的安全。

（五）结束工作

结束工作的主要任务是，投完回站以后，对当班工作进行检查，并做出进一步处理，然后向班组长或专职的报刊分发员、发行员交班。结束工作有以下几项主要内容：

1. 将当班未能投出的报刊，分别粘贴批条，批明原因，加盖日戳和名章，送交组长或报刊分发员处理。

2. 对投完的杂志投递卡复核签收情况，并分出刊种，再按投递路线排好，然后核点份数，与投递卡计数表所列份数核对相符，交给报刊分发员或组长保管。由投递员自行保管卡片的，应将整理好的投递卡和报纸投递簿妥放入柜。

3. 在投递日卡上登记回访时间、工作量以及其他应当记录的事项。

第五节　报刊发行督察与投诉处理

报刊发行关系到如何把精神文明的载体传播到千家万户，事关重大，稍有不慎就会出现投诉。所以，一般情况下报刊发行部门都设有督察员专门负责报刊投递工作质量的检查及投诉的处理工作。

一、督察

1. 督察部门的设定

为了对报刊发行各个环节实施有效的监察、检查，一般情况下发行部门都设有服务督察部。其主要职责是：

（1）负责监督、检查发运、投递环节的工作质量；发现问题及时向上级主管部门汇报。

（2）按照规章制度检查投递员的投递质量，包括投递时间是否及时、投递是否到位，以及投递员对订户的态度是否热情等。

（3）监督、检查分发现场的报刊分发是否准确、交接手续是否完备，以及废报处理等情况。

（4）负责考核各站站长、投递班长的工作情况，对发行站站长、投递班长的任用有任免表决权。

（5）负责审定投递线路是否合理，有权根据实际情况通知各站进行调整。

（6）受理所有投诉电话，并负责对投诉内容进行处理。

（7）认真完成上级领导交办的其他监督、检查任务，并完期提交服务质量监察报告。

2. 督察人员的素质

督察部门是贯彻规章制度、实施服务质量承诺的监督、检查者，因此要求该部门的同志既要热情服务，又要严肃认真、一丝不苟地坚持原则。尤其是负责人，应有高度的工作自觉性和主人翁精神，发挥其应有的权力，以便放手工作，及时纠正所发现的问题。

二、处理投诉

在报刊发行的日常工作中，发行部门往往会接到订户的许多意见或建议。譬如发现漏投、拖投、投递不到位、服务不热情等问题，有时订户由于各种原因需要更改投递地址，甚至要求退报刊款等，这都是正常的，关键是要让读者满意，督察部门在这些方向必须发挥重要作用。

1. 处理读者投诉

当订户投诉或抱怨时，督察员应给予关注并表示关心，尽可能站在订户的立场上寻求解决问题的方法。其对待订户的态度将最终决定这一事件是否圆满解决。礼貌、耐心、仔细聆听订户的投诉内容，如订户想发牢骚，千万不要忙着打断解释，尽量让他讲，打断可能会引起更大的愤怒。

在仔细聆听订户投诉的内容后，督察员须以诚恳礼貌的态度向订户表示已经完全了解，并口头重复一遍这个投诉内容，书面记下投诉订户的姓名、地址和电话号码、投诉内容。督察员应以认真、负责、诚恳的态度向订户致歉，注意措辞，多使用"对不起""请原谅"等话语。

对订户的投诉，服务人员应做好解释工作，同时根据实际情况向订户回复处理方式，并说："您对我的处理方式满意吗？"随后相关人员要迅速解决一般的错投、漏投情况，马上补投。

2. 办理更改投递地址

订户要求办理改投手续，服务人员要热情有礼貌、微笑接待，文明用语，尽可能满足读者的要求，做到使读者感觉方便、快捷、准确、满意。

如遇到订户有特殊要求，为了达到方便、快捷地为读者服务的宗旨，服务人员改址办理后应尽快通知新的投递站有关读者要求报纸改投的事宜，使读者能够尽快收阅到报纸。

3. 办理退订款

当读者持有效订报发票到站要求办理退订时，服务人员要热情有礼貌、微笑接待，文明用语，并了解读者退订的原因。

如果是下列原因引起订户不满而要求退报者，服务人员要谦虚接受批评。了解真实的退报原因后，服务人员要诚恳地向订户致歉。

（1）因投递员的行为举止不规范以致影响了住户的休息；

（2）因投递员送报不到位（不按读者要求送报上楼）；

（3）因报纸脏乱、迟投或经常错投漏投。

服务人员要用"对不起""给您添麻烦了""您看这样行吗"等委婉的语言向订户承诺今后不再重现上述问题，力求挽留每一位订户。

当读者因重订或要长时间外出等原因要求退报时，服务人员应该热情接待，文明用语。

按订报起止期扣除已投递日期，计算折合退报款项退回给订户，收回订户的订报发票联。

如果订报发票已经遗失，原则上不办理退报手续。如订户强烈要求退报的，需请订户持订户名称人的身份证到所属投递站办理手续。

第五章　图书报刊发行的现状与未来

第一节　图书发行的现状与未来

一、当前图书出版业概况

我国图书出版事业自中华人民共和国成立以来得到长足发展,特别是改革开放以来,图书出版与发行进入良性发展周期。据统计,到1949年中华人民共和国成立,全国公办、私营图书出版社达到200多家。

中华人民共和国成立初期,我国的新华书店兼有出版、印刷和发行三重任务。针对这种情况,国家对此进行了改革。1950年,全国新华书店第二届工作会议召开,会议发布了《关于国营书刊出版印刷发行企业分工专业化与调整公私关系的决定》。从此,我国的出版、印刷、发行各司其职,实行分开管理。

1950年底,全国共有出版社211家;其中,中央级6家,地方21家,私营184家。1956年底,经过合营调整,减为101家。

改革开放30多年来,尤其是在1978年以后,随着改革开放的步伐加快,我国经济、文化、社会不断发展与进步，中国的图书出版事业也逐步达到发展壮大，到 1987 年底，全国共有图书出版社 467 家。在图书出版社中兼营音像出版物的有 24 家；专营音像电子出版物的出版社 72 家。

截至 2018 年年底，全国共有出版社 585 家（包括副牌社 24 家）；其中中央级出版社 219 家（包括副牌社 13 家），地方出版社 366 家（包括副牌社 11 家）。

二、现代图书出版流程

在现在的传统出版行业中，一本书的出版，需要在选题、组稿、编著或翻译以后，通过审批书号、编辑审读、加工、版面设计，然后进行印刷、发行，要经过许多具体工作环节，还要通过一系列具体的申报程序与审批手续。

出版社根据读者市场需求按照年度计划安排印刷出版任务，长远选题规划一般按照 3 年、5 年、10 年执行，还会根据实际情况确定临时选题。在确定选题以后，根据选题进行约稿物色合适的著（译）者，然后按照选题、出版要求与著（译）者签订图书出版的具体合同，包括版权保护、出版时间、版税、字数、页码、码洋、印刷纸张等。著（译）者根据与出版社签订的合同内容，进行写作、编著、翻译等工作。著（译）者完成作品后，也可以自己主动与出版社联系，向不同的出版社推荐想要出版的作品。自荐欲著（译）书稿或自投已写（译）好的稿件。作者、译者的作品最好事先与出版社进行沟通，达成出版意向后再进行创作；也可以自行选题，创作完成后与出版社沟通联系出版事宜。向出版社推荐将要出版的作品，需要对作者、译者本人以及作品的具体情况进行简要介绍，讲明创作的意图与意义。

对于翻译的著作，除了介绍译者情况、翻译作品的价值、原著作的主要内容和特点外，作者、译者需要向出版社出具原著作的版权页复印件，提供翻译著作的中译文书目录。出版社根据出版有关规定，结合作者、译者的作品稿件质量，以及读者市场需求，对于著（译）者的自投稿做出是否出版的决定。作者、译者完成著作初稿送至出版社，出版社要由责任编辑对稿件内容进行全面审读。必要时出版社可以聘请相关专家或有关专家组成审读委员会进行审稿，一旦发现问题，及时与作者、译者进行沟通，便于修改、删减、完善与补充等。为了保证出版的书稿质量，出版社各环节需要密切合作，著（译）者交付稿件时要符合"齐、清、定"的标准，保持作（译）者与出版社良好的沟通状态。双方达成出版意向的初步定稿的作品，经编辑加工、设计装帧等流程发送制版部门进行排版，然后进行校对，合格后进行印刷、装订成书，开始正式出版发行，进入读者市场。

三、现代图书出版方式

（一）计划图书

即完全市场化运作的图书。由作者把出版策划送出版社（或书商）审核通过后，双方签订出版合同，由责任编辑组织图书书稿编著、一二审、装帧设计、宣传推广、发行等全盘工作。

计划图书实行稿费或版税制。稿费一般为每千字50至120元，版税制6%～15%。计算方法是，版税率×印数×定价，即作者应得稿费。通常在签合同时由出版社付 30%，余款在图书出版一个月内付清；也有按销量，每年或每半年结算一次的。

（二）自费出版

自费出版是作者自由度比较大的一种出版形式。单位、个人均可操作，可以是学术专著、论文集、画册、小说、诗歌、辞书、辞典等各类图书画册。自费出版有关注意的问题：

1. 作者需提供作品简介、目录及计划开本、页码、出版日期、作者本人简介、地址、邮编、电话及身份证复印件。出版社收到上述资料后发出自费出版协议书。

2. 作者支付书号、管理、印刷等出版费用。

3. 出版社收到作品介绍、作者介绍、管理费后，负责图书的编审、编配 ISBN 统一书号、条形码胶片、图书版权页、签发"图书印刷委托书"，必要时签发图书的主编、副主编及其他编辑人员等聘书。时间一般为收到书稿十天左右。

4. 作者可委托出版社安排联系印刷厂安排照排，返回作者校对、出版、装订，并运输至指定地点。以上费用根据不同书刊，由作者支付费用。也可由作者独立安排印刷，由出版社开具委印单（书），出具印刷规格，包括书名、开本、页码、出版日期、印数、价格以及印刷厂（含照排单位）名称、地址、电话、传真、负责人和联系人姓名等。

5. 图书登记注册：印制完成后，交样书 20 册备案。

6. 发行：自费出版物发行由作者本人负责。

7. 版权：该书著作权归作者依法享有，版权为出版社所有。

（三）合作出版

合作出版是介于计划图书和自费出版之间的一种更为灵活的形式。

对于有自费出版能力、没有发行能力，但图书确实有一定市场的，一般可以采取合作出版的方式。书稿由出版社（书商）审定，作者负责图书设计制作和印刷费用，出版社（书商）负责图书的市场运作、发行经费，发行收入五五分账。另一种合作出版形式，是书稿由出版社（书商）审定，出版社（书商）负责图书设计制作和印刷费用，负责图书的市场运作和发行经费。但原作者应该包销一定数量的图书。

图书发行是图书的流通环节，泛指图书从生产到消费的过程。如何宏观管理中国图书市场，如何有效引导中国图书市场的发展，如何在激烈的竞争中求生存，是我们必须认真研究的课题。要解决这些问题，就要对我国图书市场结构和市场行为有较为全面的认识和了解。

图书发行市场结构主要反映图书发行商之间以及图书发行商与读者之间的交易关系和地位，反映图书发行市场的竞争与垄断程度。它主要包括图书发行市场份额、发行市场集中程度、进出图书发行市场的壁垒等。前两个要素主要描述图书发行市场中图书发行商之间的相互关系，或图书发行市场的规模、数量分布等特征；后一个要素描述图书发行市场内与市场外潜在图书发行商之间的关系。广义的图书发行也就是图书销售，包括了图书销售各个环节的职能。图书发行有资质级别（包括一级批发、二级批发和零售），一级批发商一般包括出版社和省级以上新华书店，二级批发就是一般的图书批发企业，近年来很多民营出版商也取得了这个资质。而发行职能通常仅指出版社或者民营出版商的销售职能，其任务主要是面向二级发行商、零售商和特殊市场，开拓并管理销售渠道，实现销售。

图书发行公司通常包括两类：一类是既从事出版又自办发行的所谓民营出版商；另一类则只是专业从事图书批发，并不出版。这两类发行公司跟出版商均为合作关系，但合作方式并不完全相同。第一类需要与出版社合作才能合法出版，也许仅是书号的关系，也许有更多的合作关系。第二类代理或者经销出版社的书时，属于出版社下游合作商，也有只与民营出版商合作的发行公司，基本跟出版社没有多大关系。

四、图书出版的内容

出版活动的前提是具备出版的内容，也就是通常人们所说的作品，又称为"稿件"。没有作品，出版就是"无米之炊"，出版三要素就没有作用的对象。所谓"作品"，根据《中华人民共和国著作权法实施条例》的定义，是指文学、艺术和科学领域内具有独创性并能以某种有形形式复制的智力成果，包括文字作品，口述作品，音乐、戏剧、曲艺、舞蹈、杂技艺术作品，美术、建筑作品，摄影作品，电影作品和以类似摄制电影的方法创作的作品，工程设计图、产品设计图、地图、示意图等图形作品和模型作品，计算机软件等。

事实上，并非所有的作品都能成为出版的前提，如建筑作品、模型作品就没有这种可能。虽然对这类作品进行描绘或拍摄所产生的结果可以成为出版的前提，但它们已经是美术作品或摄影作品，不是建筑作品或模型作品本身。所以，作为出版活动前提的"作品"，是指那些可以被编辑、复制和通过某种方式能够发行的作品。

五、未来图书出版发行方向

在未来图书出版发行中,仅以纸质图书的发展为研究对象,必将在新的市场环境中发生巨大变化。可以预见的是,纸质图书的出版发行在相当长的一段时间内不会消亡,而且一些历史档案性质的图书资料会得到加强,图书的制作出版向着高质量方向发展,一批精美的书籍将会呈现在读者面前。相反,一些速食文化产品、信息类等书籍的出版将逐渐被电子出版物替代。

随着市场经济的发展,出版物流通发行环节的改革势在必行,主要是对国有独资新华书店进行股份制改革、放手发展民营企业、创建中外合资发行企业。在流通形式的改革与发展中,逐步构建连锁经营体系、建立物流配送中心、规划发行网点设置。在国家政策方面,需要流通市场管理改革与发展相适应的配套政策法规,做到有法可依。

未来出版业的走向必然向着多元化、电子化、产业化、全球化等方向发展。

第二节 报刊发行的现状与未来

一、报纸的基本现状

1978年以来,我国的报刊发展迅猛,其中报纸由1978年的186种发展到1995年的2 202种,增加2 016种,净增10.84倍,达到历史峰值;此外还有内部报纸 6 412 种。

截至 2005 年 7 月，全国共出版 1 926 种报纸；相比于 1995 年的报纸数量减少了 1 276 种。

2019 年，纸质媒体再次爆出新闻，又有一批报纸将停刊。

事实上，这几年纸质媒体的日子一直不太好过，已经不断有报纸从市场上消失。

2017 年的最后几天，是报纸退出市场的集中爆发期。据不完全统计，光是这几天，就有十多家报刊传出 2018 年元旦起休刊／停刊的消息。这些报刊包括：《假日 100 天》《渤海早报》《采风报》《球迷》《环球军事》《北京娱乐信报》《台州商报》《皖南晨刊》《无锡商报》《白银晚报》《北部湾晨报》《上海译报》《大别山晨刊》《汕头都市报》等。

除了这些选择在元旦跟读者"再见"的报刊，在年初岁尾，还有数十家纸媒也宣布休刊／停刊，尤其是在 2018 年下半年，几乎每月都有媒体传出停刊／休刊的消息，这股风潮已蔓延至多个省份的纸媒。

2018 年 1 月 16 日，《I 时代报》发布休刊公告：《I 时代报》自 2018 年 1 月 17 日起休刊。《I 时代报》2003 年 8 月 29 日创刊，是由上海解放日报报业集团主办的免费地铁报，周二至周五出版。2018 年 6 月 22 日，《西部商报》出版最后一期报纸，宣布 2018 年 6 月 23 日起休刊转型，它向读者告白："白纸黑字，是恒久的记录。铅墨芳华，是最好的见证。"《西部商报》是由甘肃日报报业集团有限责任公司与成都博瑞传播股份有限公司合办的都市生活类综合性日报，创刊于 2000 年。

2018 年 7 月 1 日，《新疆都市报》与读者告别，它在致敬辞中郑重地宣告:"时代不因个体而停滞,历史自有其发展的轨迹。我们感恩这个科技日新月异的伟大时代,让传播更有效率、更加贴近人心。"《新疆都市报》是由新疆维吾尔自治区党委机关报《新疆日报》主管主办的子报,创刊于1998年10月9日,是乌鲁木齐第一张综合性主流都市类报纸。

2018年8月13日出版的《广西日报》二版刊登了广西少年报社和金色年华杂志社注销公告。《广西少年报》《金色年华》停刊。原广西少年报社、金色年华杂志社整合为广西共青团融媒体中心。广西少年报社是共青团广西区委直属的自收自支事业单位,以编辑、出版、发行《广西少年报》为主营业务,属于综合性少年报刊《金色年华》杂志创办于1985年,是共青团广西壮族自治区委员会主管主办省级期刊。

2018年8月31日,《淮海商报》在头版发布《致读者》,宣布《淮海商报》与《淮海晚报》合并出版。《淮海商报》2002年1月1日创刊,由淮安日报社主办。

2018年9月28日,大连《地铁时报》在二版上发布了"休刊公告":《地铁时报》自2018年9月29日休刊。地铁时报是由大连报业集团于2015年5月22日创刊,周一至周五出刊,免费派发。

2018年11月30日,《羊城地铁报》发布休刊启事称:"因全面转型升级工作的需要,《羊城地铁报》自2018年12月起休刊。"《羊城地铁报》创刊于2006年10月1日,是由广州日报报业集团与广州地下铁道总公司共同出资联合打造的地铁报纸。

2018年12月28日,《新商报》发文:"今天,在这里,和您道一声'再见'……《新商报》未来将转型《老友时代报》(拟用)。"公开资料显示,

《新商报》由大连报业集团主办，创刊于 2000 年。

2018 年 12 月 28 日，《黑龙江晨报》发布休刊启事：2018 年 12 月 29 日起，《黑龙江晨报》休刊。《黑龙江晨报》创刊于 1992 年 10 月 24 日（时称《东方晨报》）。从 2018 年 1 月起，该报做出调整，由周七刊变更为周五刊，1 月 18 号起每周六、周日不再出版。

2018 年 8 月 27 日，《北京晨报》在一份北京地区的邮局征订通知上，早早地预告了停刊的消息："根据报社通知，2019 年度《北京晨报》报纸停刊，不再向读者征订。"《北京晨报》创刊于 1998 年 7 月 20 日，是由北京日报报业集团主管主办的新闻类综合性都市日报。

2018 年 12 月 1 日，《法制晚报》发布了一则"休刊公告"：《法制晚报》将于 2019 年 1 月 1 日起休刊。资料显示，《法制晚报》前身是《北京法制报》，创刊于 2003 年底，归属于北京青年报社。2004 年 5 月 18 日，《法制晚报》正式创刊。

2018 年 12 月 13 日，《北京文摘》在头版发表"致读者"：《北京文摘》将于 2019 年停刊。《北京文摘》2015 年 10 月 22 日创刊，是由北京日报社主管主办的都市生活类的文摘周报。

2018 年 12 月 28 日《伊犁晚报》发布"停刊公告"：《伊犁晚报》自 2019 年 1 月 1 日起停刊。《伊犁晚报》创刊于 1992 年 5 月 28 日，是由伊犁日报社主管主办的都市类报纸。

2018 年 12 月 28 日，《赣州晚报》在头版郑重宣布：2019 年 1 月 1 日起，《赣州晚报》停刊，不说再见，我们相约赣南报业融媒体矩阵。《赣州晚报》是江西赣州市唯一服务百姓生活的都市类新闻报纸，创刊于 1994 年 7 月。

2018年12月29日,《华商晨报》在头版宣布将于2019年1月1日起休刊。《华商晨报》自2003年创刊,是辽宁省归国华侨联合会主办的一份综合类市民生活报。

近年来,随着信息时代互联网高速发展,人们的工作、生活、学习等都在发生日新月异的变化,人们对纸质媒体的依赖度逐渐减弱,纸质媒体的发展受到制约和前所未有的挑战,对于社会大众的价值取向、影响力也不可避免地出现下滑,这是不争的事实。就像企业一样有生有死,关一家报纸已经不是什么大惊小怪的事情。而现在,一年几十家报纸停刊/休刊已经成为常态。对于纸质媒体而言,在未来如何转型、融合的发展中,"生存还是死亡"是个不容回避的严峻话题。

2020年10月17日英国《经济学人》周刊网站文章指出,当代"纸媒自救应该靠有价值的新闻产品",而不是在抱怨中不可自拔。在互联网腾飞的年代,靠广告支撑的大多数纸质媒体举步维艰。仅过去20年间,美国报业的广告收入就下降了80%,已经达到大衰退时期的水平,报纸发行量也下降了一半。以谷歌母公司字母表公司为例,其2019年的广告收入是1 620亿美元,而2019年全球报业的广告收入约为1 400亿元。

由此不难看出,纸质媒体的生存状况多么艰难。当然,一些老牌纸质媒体正在寻求保持价值新闻优势前提下的突破。比如《纽约时报》的数字版客户订阅的数量已经达到650万家,这个数字在读者日渐分众化的互联网时代,产生的影响力已经足够强大。

在这一场前所未有的科技大潮冲击下,但愿所有纸质媒体能在变革中实现华丽转身!

二、期刊的基本概况

中国真正的期刊出版，大概是在 20 世纪初，而且中国期刊的早期活动实际上是有西方人参与的。到了 20 世纪 30 年代，中国的期刊是 1 520 种。

随着社会的进步，到了今天，期刊的多样化，包括满足人民日益增长的物质文化需要和精神需求，显示了多样性对市场需求的满足性，满足各种阶层的人们。从 1978 年开始到 1995 年，期刊由 930 种增加到 7 596 种，增加 6 666 种，净增 7.17 倍，内部期刊 1 万多种。

据统计，目前中国期刊有 9 600 多种，走入市场的有 900 多种，这 900 多种期刊发行量从 800 多万册每期到一两万册每期不等。

从期刊出版的情况看，相比报纸而言作为纸质媒体的期刊，受到电子出版物的冲击相对小一些，主要原因是学术期刊的存在与发展，加上杂志期刊经营成本较低，编辑人员少，使得期刊近年来在数量上并没有减少太多。但是，文学类、生活类期刊的发展同样遇到与生活类报纸同样的压力，出现了发行量下滑、收入下降的情况。

第三节　数字出版物的发行现状

一、出版活动的构成要素

从传统图书出版的情况可以看出，一本书的出版是一位作者作品完成、出版机构约稿、编辑、印刷、发行销售的链条，而且周期长、环节多，在印刷纸张选择方面也受到许多客观条件的制约。

一般情况下出版活动由编辑、复制、发行三个要素构成。

"编辑"是指策划、组织、审读、选择和加工作品的活动，它是作品复制和发行的前提。

"复制"是指以各种方式根据作品内容制成，包括纸张选择、印刷工程、装订合成等。

"发行"是指出版单位通过商品交换将出版物传送给消费者的活动。作为一个完整的出版活动来说，这三者缺一不可，而且三者之间存在着密切联系。

在实际活动中，特别是随着数字化时代的到来，由于某些信息或文化的传播现象跟出版活动有着近似性，它包含了出版的某一个或几个要素，人们往往把这样的现象称为"出版"，如博客出版、微博出版等。对此，一方面，我们要看到这些传播现象具有很强的个体化特征，不具有作为社会化活动出版的基本属性和功能；另一方面，我们也要看到这些传播现象具有一定的出版功能，要引导和规范；同时我们更要看到，在数字化时代，出版活动对社会文化生活具有广泛影响性，并且已经深入最广大人民群众的日常生活之中。出版的责任更加重大，使命更加光荣，任务更加艰巨。

二、信息时代的挑战

当信息时代来临，电子出版物大量出现的时候，传统图书的出版、发行所面临的挑战非常严峻，必须做出顺应时代的改革。

新兴的电子出版物以及出版单位，是指以数字代码方式，将有知识性、思想性内容的信息编辑加工后，存储在固定物理形态的磁、光、电等介质上，通过电子阅读、显示、播放设备读取，进行广泛使用的大众传播媒体，包括只读光盘（CD-ROM、DVD-ROM等）、一次写入光盘（CD-R、DVD-R等）、可擦写光盘（CD-RW、DVD-RW等）、软磁盘、硬磁盘、集成电路卡等，以及国家管理部门认定的其他媒体形态出版、进行关联制作和发行的部门。

从这个概念的含义不难看出，现代电子出版物的概念不仅包括传统书籍的所有内容，还包括视听、移动、快捷、便于携带等天然的优势。与传统出版社的管理条例相比，电子出版物出版单位必须有政府部门颁发的《电子出版物出版许可证》，出版单位应向所在地工商行政管理部门进行登记，领取工商营业执照；进行税务登记，依法纳税，进行合法经营。根据国家发布的《电子出版物出版管理规定》内容，电子出版物出版单位和图书出版单位一样，出版实行编辑责任制度和重大选题备案制度，严格规定电子出版物出版单位必须遵守管理规定，不得以任何形式向任何单位或者个人转让、出租、出售本单位的名称、电子出版物的中国标准书号、国内统一连续出版物号等。

电子出版物出版单位与出版社一样实行年度核验制度，每两年需要进行核验一次，核验内容包括电子出版物出版单位的地址变更情况、设立条件、登记项目、出版经营情况、遵纪守法情况、内部管理情况等。

三、数字出版物的主要类型

数字出版物的类型涵盖图书、报纸、刊物以及其他形式的电子媒体等。

电子图书，也称电子书，英文为 EBook，是 Electronic Book 的缩写，也称网络图书、数字图书，称谓上基本互通。随着技术不断变化，电子书的含义也在不断发展。笔者认为目前的电子书实际上有四种类型：电子书数据库、电纸书、网络原生电子书和增强型电子书。

电子期刊英文叫 E-Magazine、E-Joural，目前或称数字期刊、电子期刊，由于都凭借网络传播，所以都属于网络期刊，称谓上基本互通。电子期刊的主要形式有：①期刊数据库；②电纸期刊；③增强型电子期刊；④开放存取期刊。前三种电子期刊与电子图书的分类一致，其内涵也类似；开放存取期刊属于学术出版模式。

电子报纸，属于开放存取出版物，一般报社纸质媒体的电子版本为主要表现形式。

另外还有近年兴起的手机出版物、网络原创电子书、博客等。

电子图书与电子期刊和报纸的区别在于，电子图书的出版没有周期性，而电子期刊和报纸的出版具有周期性、时效性。

当前，以网络文学，网络游戏，网络动漫为代表的 IP 体系数字出版，正在呈现迅速发展态势。

图书出版，是社会变化的晴雨表。据有关部门统计，去年全国共出版图书 44.8 万种，其中新版图书 25.6 万种，增速回落 5.8 个百分点，近几年来首次出现下降；重印、重版图书同比增长 2.2%，重印、重版图书和新版图书品种增长一升一降，反映图书出版精品意识、质量意识逐步增强，图书出版正在由追求数量规模向提高质量效益转变。

从世界图书市场的发展轨迹来看，全球化和数字化正驱动着出版业经历一场意义深远的变革。人们的阅读习惯以及娱乐方式的日新月异，这带来了出版方式的许多革新。随着社会经济的发展，中国图书市场更是经历了深刻的变革。中国图书零售市场总量呈现出温和增长的态势；图书网上销售依然增长，但增长速度放缓。虽然数字出版方兴未艾，但大部分传统出版企业对数字出版仍然持观望、无所适从的态度。一方面，出版企业已经深切感受到来自数字媒体的冲击和自身的危机，非转型不可；另一方面，适合传统出版企业的数字转型的盈利模式并未清晰。

对此，国家新闻出版广电总局、财政部已经联合印发了《关于推动传统出版和新兴出版融合发展的指导意见》，指明了融合方式和发展方向。可以预见，未来中国出版将继续延续增长，逐渐从大国向强国演变；主题出版题材将更加丰富，高端阅读将成为趋势；图书电商竞争将回归理性，实体书店困境或迎来反转；数字出版的发展不会停顿，商业模式创新的效益日渐显现；文化产业的资源整合优化仍将持续，跨界发展成为共识；随着全民阅读的正能量更加释放，阅读市场或将持续升温。

附录

一、背景资料

（一）我国图书报刊发展历程

据有关部门统计，中华人民共和国成立以来，特别是近几年来，我国报刊的数量、种类（结构）发生了几次大变化。

1949年至1965年，我国由1949年的315种报纸（未见刊物数量统计）发展到343种，发展一直平缓。1958年最多时亦只有491种。1959年至1961年期间，因纸张供应紧张压缩报纸种类，降幅一般为34%～47%。随着经济情况的好转，报纸种类得以恢复。

1966年～1970年，5年间平均每年只有43.6家报纸，比1965年减少299.4家报纸，下降87%；1971～1975年，随着部分报纸复刊，5年间平均每年有187.2家报纸，仍比1965年减少155.8家报纸，下降45%。

1978年以来，特别是1981、1984、1985、1992、1993、1995几个年份，我国的报刊发展迅猛，其中报纸由1978年186种发展到1995年的2 202种，增加2 016种，净增10.84倍；期刊由930种增加到7 596种，增加6 666种，净增7.17倍。此外还有内部报纸6 412种，内部期刊1万多种。

关于我国报刊,其中特别是报纸总量和结构的变化,存在着繁荣与过热两种截然不同的看法。

持繁荣看法的学者认为,1993年,我国公开发行的报纸比1992年增加了249种,增率为13%,平均每1.5天增加一种新报纸,报纸的数量首次突破了2 000大关,为我国44年间报纸数量最多的一年(截至目前,2 202种报纸仍为历史最高纪录)。这的确反映了随着改革的进一步深入,社会主义市场经济的发展对报纸的迫切需求。尽管持这种看法的人也认为报业远未形成优胜劣汰、新陈代谢的机制,数量的发展不简单等同于报业的繁荣,但无论如何,报业还是繁荣。

那么,既然承认报纸数量的增长同当时的经济发展密切相关并相适应,那就不可回避这样的事实:当时我国经济发展过热,我国的报业发展也存在过热现象。

持过热看法的学者认为,连续两年13%的报纸年增长率已大于当时过热的经济增长速度,是热上加热;与美国相比,美国20世纪70年代后报纸为下降趋势,已从20世纪初的2 200多家降到1995年的1 748家,加上7 610家周报,只比中国的报纸(公开发行与内部报纸之和)多出740家。

如果把2 202种公开发行的中国报纸稍做分类,就不难发现"大战"的主战区在什么地方:一大类是以公费订阅为主的报纸:综合类报纸和机关报,占30.4%,行业、专业、企业类报纸占43.9%,这两部分占73.4%;另一大类为以自费订阅为主的晚报、文摘报、生活服务报、群体报,占25.4%,其余为军队报纸。

对以自费订阅为主的报纸来说,因为多以区域性发行为主,虽有与以公费订阅为主类报纸的竞争，但主要的竞争对象在当地，而在当地，几家主要晚报（如《新民晚报》《羊城晚报》《扬子晚报》《北京晚报》等）已占去晚报类的十之七八，它们遇到不同类对手，发行量均比当地报纸要多。此外，还有相当一部分晚报的发行量正日趋接近日报。就晚报消费群来说，基本上是稳定的，最主要的竞争对手是自己：内容和价格。至于生活服务、文摘、群体类报纸，几乎没有日报，第二大类报纸虽在种类上占多数，但因绝对数不太大，平均后数额不大。值得注意的是，这些报纸的总量正在呈稳固的上升势头。

对以公费订阅为主的综合类报纸、党的机关报来说，问题就严重多了。它们面临的不仅是处于下风的竞争，还遇到许多方面的限制和不当竞争，被卷进了无奈的"发行大战"，它们不得不面对：急剧膨胀的报刊数量，与因机构改革在减少的单位、企业的数量形成较大反差；年年压缩的、有限的订报经费，与几乎年年上涨的报价的矛盾越来越尖锐；发行范围逐渐收缩的机关报（如《人民日报》，已由原来的班组、村、排收缩至车间、乡、连一级）与不断越位、越界的行业、专业、企业报及一些部、委、局的机关报（有些报纸如《交通安全报》在一些部门几乎人手一份）又成了鲜明的对照；有些地方党的观念淡化，而地域或行业意识强化（如有一个镇的工商系统订当地县级报纸与订《人民日报》的比例为438∶1）。诸如此类问题，使作为报纸主力军、担负引导舆论任务的党的机关报在大战中处于不利地位，除建省不久的《海南日报》外，其余报纸皆呈连续下降的趋势。至此，主战区在党报与非党报，特别是行业、专业、企业报之间，党的机关报之间就再明晰不过了。

为了"大战"和应付"大战",各种手段无所不用:用钱开路的,有的报纸祭出奥迪、桑塔纳,有的报纸许以"10万元读者月大抽奖",有的报纸喊出了"香港游""泰国游"之类的诱人吆喝;用权开路的,年审、牌照、执照、评先进等,样样要挟。有的报纸干脆把订报费与办证费一起收;打时间差的,春节刚过,征订兵团的"先遣军"就已开始征讨;摊派的,要求行业从业者"人手一份";内部刊物公开叫卖的,"工本费"要比同等篇幅的公开报刊的定价高……

面对如此大战,一些基层同志说:"事实上,征订任务中的60%都是不需要的,有的报刊翻都没翻过,就被送到造纸厂化为纸浆。"

(二)我国传媒大战热点地区扫描

1. 北京

中国没有任何一个城市,有北京这么多的报纸,数量多、品种繁、名字正、派头大、行业全。据统计,目前有二百家以上的报纸在分割北京报业市场,一旦这些报纸真有了气候变化,岂能没有风吹草动?

北京新起来的娱乐报纸《北京娱乐信报》,有姜昆17%的股份,由姜昆的昆朋网合作主办,业务上则由《北京青年报》的老社长崔恩卿掌舵。

北京各大街道的路牌、电台、地铁站上蜂拥而至的《京华时报》的广告让人有身处一年前网络热潮的感觉。对一个拥有5千万先期资金投入、第一大报《人民日报》背景和资本市场上风头正劲的"北大青鸟"支持的新报来说,《京华时报》的企图"昭然若揭"。《京华时报》——正像它自己所标榜的一样,要成为"北京人的都市报"。这显然是在和立足北京50多年的《北京晚报》和90年代崛起的《北京青年报》过不去。

一直想进军北京报业主流的《华夏时报》，最近重新调整定位，希望三年时间内做出名堂，力图一搏北京报业空隙。

想和《北京晚报》《北京晨报》分切"蛋糕"的是新出的《劳动午报》。《劳动午报》从原来的《北京工人报》脱胎出来。

《京华时报》正式发行的那天，《北京晨报》在北京推出中国第一份电子版《北京晨报》。读者利用专用浏览软件，就可以阅读当天印刷出版发行的报纸。

《经济观察报》——经济观察报社在北京于2001年4月推出的一份新财经类周报，跟南方的《21世纪经济报道》在拼抢同一块专业"骨头"。在发展的道路上，《经济观察报》有一个跟网络泡沫一样的问题——资本的反复性，这可能是它要面临的最大问题。

业界已经有很多人对传媒这个行业的热潮提出了冷静的看法：传媒是新一轮的泡沫，是又一次的"圈钱游戏"。反对者云：似乎不能凭借惯性思维和简单的经验判断来得出结论。稍懂报业发展历史的人都知道，现代报业的彻底实现是在商业化大行其道的美国19世纪90年代，一条"90年代的分水岭"将西方现代报业的商业化、社会化和垄断化等特点阐述得清清楚楚——商业报纸要取代政党报纸成为报业主流；报纸发行要越过政界、知识界和社会上层，发行量大增，动不动就逾越百万份；报纸竞争之后出现"大鱼吃小鱼"的兼并现象。聪明人都能看出来，北京报业市场根本没有一条合乎现代报业大战的"底线要求"。

『大事记』

1999年，新闻出版署等多家单位就报纸产权问题联合发文将《中国经营报》社长王彦免职，《中国经营报》及子报《精品购物指南》由社科院下属的工业经济研究所全面接管。

2000年元旦，《北京青年报》100版庆祝新千年，创北京报业记录。

2000年3月，拥有《北京日报》《北京晚报》《京郊日报》《北京晨报》（与《北京青年报》合办）《北京经济报》和同心出版社的北京日报报业集团挂牌成立。

2001年，《北京娱乐信报》《劳动午报》等报纸进入北京市场。

2001年3月，《北京青年报》搬进两万平方米的智能化大厦。

2001年4月，在经济类报纸中，从《中国经营报》和《中华工商时报》旁边杀出《经济观察报》。

2001年5月28日，《京华时报》登陆北京报业市场；同日，北京大学新闻与传播学院成立。

2. 成都

20世纪80年代以来，《成都晚报》乘着"晚报热"的东风与市场先入优势发家致富，垄断了成都庞大的报业市场，因而身家过亿。然而《华西都市报》在报界奇才席文举的指挥下跳出来发难，其背后是同样伸出一双怯生生的手的《成都商报》。于是"同城相煎"的一幕在这个温润的城市上演。

也就是在这个时候，外部资本渗入成都报业，财大气粗的资本巨头，动辄一掷千万扶持报纸，于是一大批新的面孔出现在市场上。《蜀报》《商务早报》

《天府早报》《四川青年报》，一个个迫不及待地"登台亮相"，传媒市场上一下子热闹非凡。

新闻战：哪里有风吹草动，哪里就有记者出现。

广告战：报社广告部的人满天飞。广告价格也乱得一塌糊涂，最高者10多万元一版，而最低者已经突破2 000元一版。

发行战：你搞敲门发行，我就上门服务，还赠送报箱加抽奖。

价格战：报纸售价普偏低于成本价，《商务早报》创刊时每份零售仅2毛钱，《四川青年报》与《天府早报》曾经免费向市民赠阅……

明眼人说，成都报业竞争的背后，其实是资本与资本的较量与搏杀。

即便如此，成都报业仍掩盖不了其低层面竞争的衰弱体质。有人说，正是由于其办报水准的整体低下，才使竞争既惨且烈。

报业竞争的白热化反衬出成都广电业的苍白。唯一节目上天的四川电视台落地无声，据悉其在省内的收视率仅为1.32%，广告虽反常地年年上升，但也才1个多亿，抵不上《华西都市报》的一半。

传有托普集团在今年大举进军传媒业，注资金2 000多万进入《商务早报》与《蜀报》，意欲建立其传媒帝国。可惜好梦未尽，两个月后就传出这两家报纸被砍的消息。成都报业的巨变惊醒了资本进军传媒的美梦。据悉，这次结构调整的直接结果，将是四川日报报业集团与即将成立的成都日报报业集团的紧张对峙，成都报业散兵游勇的竞争时代宣告结束，但圈内人预测，报业竞争并不会因此而消减，反而可能因此而更激烈。

『大事记』

1995年1月，《四川日报》的子报《华西都市报》问世，年底日发行量便达到10万份。

1995年8月，《成都商报》突变为市民报，全盘模仿竞争对手《华西都市报》并取得成功。

1997年，《成都商报》牵头成立博瑞投资有限公司，注册资本1.23亿元，到1999年资金飙升至5亿多元。

1997年12月，《成都晚报》为挽救竞争中已经出现的弱势状况，被迫改为早上出版。

1998年秋，《蜀报》与《商务早报》两家市民报加入报业竞争的圈子。

1999年夏，《天府早报》与《四川青年报》又奋不顾身地跳进报业竞争圈。

1999年6月，《成都商报》下属企业博瑞公司购买四川电器27.65%的股份，从而巧妙地完成了报纸借壳上市的惊险一跳。

2000年9月，中国西部首家报业集团四川日报报业集团成立。

2001年5月，成都报业风云突变，《蜀报》与《商务早报》被调整出局；同年6月，《成都日报》打出招聘广告，决定在7月1日正式出版，据悉相关公司将据此成立成都日报报业集团。

3. 广州

和其他城市报业大战不同的是，广州报业竞争虽也激烈，但从未出现恶性价格战，其他城市屡屡大搞低价战略甚至是免费占领市场的竞争方式，这些行为在广州传媒人看来都形如儿戏，价格永远是其次，报纸的质量才是首要问题；其他城市 2001 年陆续出现的报业整合事件，其实广州在 1999 年甚至更早的时候已经开始报业整合，三大报业集团已经规模化运作了；当别的城市为传媒人才缺乏或人员流失大为头疼的时候，广州已经对人员流动习以为常了。广州媒体长期形成的理性发展策略和完善的资本经营作风，已经产生一种吸引人才的磁力了。

当前广州报业变数甚多。广州报业自身仍在演变，《羊城晚报》的印务中心也在建设中，一旦投入使用，晚报施展的空间将更为宽阔，不久前该晚报滚动印刷报道"广州体育馆爆破"，就痛快地告诉广州同行，最会做新闻的还是《羊城晚报》。广州日报报业集团具备了雄厚的资本，但如何用好资本的力量，仍是疑问。

『大事记』

1996 年 5 月，广州日报报业集团组建，成为中国首家报业集团。

1997 年 7 月 1 日，《广州日报》推出 97 版香港回归特刊震动报界。

1998 年 4 月 1 日，《羊城晚报》推出《新快报》挑战日报市场。

1998 年 5 月 18 日，南方日报报业集团和羊城晚报报业集团同时成立。

1998 年 6 月，《南方都市报》报道世界杯打响第一战役。

1999 年，广州报业的大整合年。

2000 年，《南方都市报》扩张到 72 版，成为中国每日出版版数最多的日报。

2001 年 5 月，《南方都市报》爆出"封杀"事件，广州日报旗下的《信息日报》改四开版综合日报。

4. 沪宁地区

上海，这个有着无比活跃的生命力和巨大的广告市场的传奇城市，在湖南电广创造了电视神话后，上海广电也随即在世纪之交完成了它试图成为"航母"的重组；上海城市报业的老大——文新报业集团也是一种带有搭售性质的合并。遗憾的是在这些老牌传媒的合并过程中，报社并未创造出什么新的神话来，抱怨倒是不少，所有在国有企业改革中能见到的弊端都能在这里寻找到影子。巨大的市场空白也使成功来得相对容易。一张克隆了英国"TimeOut"的城市生活指南周报——《上海壹周》，在去年年底推向市场。这张原名为《上海文化报》的周刊脱离了老态龙钟的文新集团后，立即焕发了不可思议的生命力，短短百天之内，就实现了盈利。一个看来已无新意的策划只要脱离体制在上海就能获得如此轻易的成功，这不能不让外人想入非非。

与上海相比，南京报业的日子要热闹得多，也艰苦得多。这个有着"大萝卜"称号的城市正以"价格盆地"的形象展示在世人面前。1999年5月9日，以一家小报面目出现的《江苏商报》在开出了两毛一份的优惠价后，一时间江湖大乱，依靠低价，媒体业突然出现了一场意外的"繁荣"，当随后而出的《现代快报》将价格压到一毛的新低后，全城都在惊呼！在一个并不算太大的城市里，早晨的报摊上竟然有8种报纸在同时叫卖。

这是一场本身就与所有的市场游戏规则格格不入的战斗，即便是用一种非常简单的公式来计算这些报纸所面对的经营状况，也很容易得出他们在玩一场需要有大量赌资的你死我活的豪赌。在南京，除《扬子晚报》一家报纸盈利，其余各家无一不面临亏损这已是业内公开的秘密，少则数百万，多达上千万的亏损使得一些并无资本背景的报纸不得不面临倒闭或者易主的窘境。这场本就不遵守游戏规则的战争并未触及从内容到经营上的真正桎梏，在媒体泡沫还未到来之前，南京可能已经经过了一轮泡沫的洗礼。

沪宁媒体更多期待的是一场真正的"体制风暴"。随着中国入世步伐的加快，这种预兆日益明显。在上海，时代－华纳、维亚康姆等众多境外媒体巨阀频频出水，并安下了"粮草官"；在南京，经济上的弱势使得资本的进入呈现另外一种景象。4月份，广东神秘资本入主《江苏商报》，几乎与此同时，《经济早报》也称其找到了新的东家，本地一家上市公司成为其救命稻草，就连由《人民日报》市场报主办的《江南时报》也不甘寂寞地声称有了一千多万新投资。

『 **大事记** 』

南京：

1999年5月9日，报人黄铁男举起《江苏商报》大旗，以两毛钱的报价杀入市场，引发南京报业大战。

1999年7月，《现代快报》以一毛钱的价格强力介入市场。

2000年2月，在宣传部主持下，几家报纸关于报价统一为三角达成一致。但不久，《现代快报》打破默契，报价恢复为一角，并迅速上扬，发行和广告危及《扬子晚报》。

2000年11月，新华报业属下《每日桥报》更名为《南京晨报》，阻击快报，引发新一轮报业大战。在负债经营中，有着后盾的《南京晨报》《现代快报》《金陵晚报》三家得以硬撑，形成"早报三分天下"的局面，而其他各家日渐微弱。

2001年5月9日，《江苏商报》宣布引资成功，同时该报改版，转向经济，表明退出综合性早报市场的争夺。同时，《经济早报》也易主成功，《江南时报》也积极融资，南京报业出现分化。

上海：

1998年8月，上海《文汇报》与《新民晚报》合并组建成文新报业集团。随后，上海解放报业集团成立，上海报业市场形成了两大报业集团主宰的格局。

1999年底，《上海商报》开始资本运作，虽建树不大，但毕竟为资本进入做出了尝试。

2000年10月12日，《上海壹周》创刊号在上海各报亭出摊。一张垂死的《上海文化报》在脱离了文新集团后，改头换面成《上海壹周》，奇迹般地复活了。

2001年4月，解放日报报业集团旗下的《新闻晚报》诞生，试图以全新的市民报纸形象向不温不火的上海报业市场里放个炸弹。

二、经典案例

1. 《洛阳日报》首开自办发行的先河

《洛阳日报》于1985年1月1日自建发行体系以来的实践证明，报社自建发行体系不仅是必要的，而且是成功的。

1983年洛阳日报社财务报表表明，当年《洛阳日报》平均日发行4万多份，年亏损 24.6 万元。平均月亏损 2.05 万元，当时每份报纸的售价是 0.02 元，而成本是 0.038 9 元。其中编辑费是 0.015 2 元，约占成本的 39%；印刷费 0.006 1 元，约占成本的 15.6%；纸张费是 0.011 7 元，约占成本的 30%，发行费是 0.006 元，占售价的 30%，约占成本的 15.4%。以上报表提供的数据说明，要降低成本，减少亏损，必须在减少发行费上挖潜力，下大功夫。因为要减少编辑费很困难，编辑部的工作人员不可能减少，降低编辑费在成本中占的比重的有效方法是扩大报纸版面；在原材料价格看涨的情况下，靠减少纸张消耗以降低生产成本也难有较大的收效。只有降低报纸的发行费才能较大幅度地降低报纸成本。而在当时靠邮局发行不但不能降低发行费率，而且还有提高发行费率的趋势。这就迫使我们不得不考虑采用自办发行的办法来降低发行费。这就是我们在 1985 年从报社经营管理的角度考虑，决定自办发行的依据。

报社自办发行是中华人民共和国成立以来报业史上一条未经开拓之路。不少报社人员对此持有异议。他们认为邮局发行报纸名正言顺，报社何必"不务正业"自找麻烦。

经过冷静分析和思考，报社认为，报社自己发行报纸，就如同自己编好报纸，印好报纸一样，是分内的事情，是责无旁贷的任务，并非不务正业。反之，邮局发行报纸也并非天经地义。顾名思义，邮局的主要任务是发展邮电事业，而发行报纸则是接受报社的委托，代报社行事。中华人民共和国成立以来，由于受苏联模式的影响，全国报纸行业由于没有建立自己的发行体系，不得不委托邮局待办发行业务。正是这种性质，报社才付出了较高的代价。

1985 年，报社创建发行体系时面临着成功和失败两种可能，在当时的条件下，失败的可能性比成功要大。1984年春，在全省地、市报纸协作会议上，河南省委宣传部负责同志听取了报社关于自建发行体系的设想和准备工作的汇报，热情鼓励报社大胆试行；洛阳市委领导也积极鼓励报社开拓发行新渠道。这是极为有利的条件，也是精神支柱。但是当时报社经济条件不宽裕，财力有限，要自建发行体系就要发扬艰苦奋斗、艰苦创业的精神。第一年，报社本着少花钱多办事的原则，借助洛阳市城乡建设局劳动服务公司的人力，与他们合作创建了洛阳日报发行站，发行站下设三个发行所，十多个固定零售点和十多个零售员；报社把主要精力放在郊区和各县发行网的建设上；同时也摸索到发行工作多渠道少环节的经验。

第二年，报社具备了一定的实力，从报社印刷厂抽调了一批人员充实发行队伍，并聘用了一批临时工，解除了与市城乡建设局劳动服务公司联合建站的协议。报社市区设三个发行站，分61条投送段道。

各县设立分站，郊县144个乡镇配设了发行员。在人员招收、管理、劳动报酬等方面采取层层负责，分级承包的办法，因地制宜分别制定发行费率。

自办发行的头三年，报社本着勤俭办事业的精神，量力而行，尽量利用一切可以利用的条件，没有买一辆专用汽车，连发行员骑的自行车也是自己的。往郊县发送报纸主要是利用汽车运输公司的客车捎带。这种做法被报社有些人员称为"穷棒子"精神，但我们认为，正是这种"穷棒子"精神保证了我们自办发行的成功。成功的原因有以下几点。

一是报纸投递得早。邮局投递员出班，市区一般是上午十点左右读者才能看到报纸。报纸发行员一般在早上五六点出班，报纸在七点左右就可送到订户手里，绝大多数读者一上班即可看到报纸。涧西区邮电局几位退休的老投递员，他们在早饭前收到了《洛阳日报》，手举报纸串门，感慨万千地说："咱们干了一辈子这差事，没办到的事人家办到了。"离市区较远的县城最早的读者在上午一上班就可看到报纸，如偃师、新安、宜阳县；一般在上午十时左右就可看到报纸，如孟津、伊川、洛宁县；最远的栾川也可在当天下午看到报纸。

二是方便了读者。自办发行前，二楼以上是投递禁区，现在不管订报人住在几楼均可在家收到报纸。有的投递员还帮助订户代买东西，代发信件，代取包裹，受到群众的赞扬。

三是报纸发行量逐年增长。1984年《洛阳日报》日发行量平均4万多份，自办发行后每年以10%～15%的速度递增。目前已达到日均12万份。

四是发行费用减少。自办发行16多年来，发行费较邮发共节约近2千万元。16年来共收预订报款1.5亿元，解决了报社买纸靠贷款的问题，同时节省银行贷款利息数百万。

2.《南方日报》自办发行渐入佳境，石破天惊

1998年2月23日，南方日报报业集团正式对外宣告：从1999年元月1日起，《南方日报》自办发行！

一件风传一时的大事最终得到证实，报纸行业一片哗然：市级报搞自办发行可以，省委机关报也自办？凶多吉少。边远山区的报纸如何送？如何回收报款？肯定会付出意想不到的代价。云云。

南方日报社社长李孟昱却神闲气定，与众社委研究后决定：由总经理钟广明负责自办发行的全面工作，并尽快拿出操作方案。

旧模式的种种弊端、空前惨烈的市场竞争，迫使南方日报社委会横下一

条心，带领1 500多名南方报人"铤而走险"。

几十年来，《南方日报》一直在吃着"安乐茶饭"，报纸印出来交给邮局便万事大吉，发行量一直保持在全国各省、市、自治区党委机关报首位。报社的同志一直是在计划经济的便道上悠然自得地踱着方步，考虑如何增强报纸的党性和指导性，从来不用为报纸的发行时效性发愁。曾几何时，《南方日报》在读者那儿成了可看可不看的报纸——《广州日报》自办发行后，一下闯进了随心所欲的佳境；他们已经做到在早上8点前将广州市区的报纸投送完毕，10点前将珠江三角洲城市的报纸投送到位。而邮局发行的《南方日报》怎么也要到上午10点多钟才启动，珠江三角洲一带城市更是要到下午或第二天才能投递到位。珠三角以外地区的报纸更不用说。这样一来，南方报人不得不接受一种痛苦的现实：广州和珠江三角洲地区的读者上午上班看《广州日报》，下午下班看《羊城晚报》，《南方日报》则成为人们案头的摆设。报纸的影响力受削弱，受限制的另一恶果，是广告收入的下降。要命的是，南方报人对此却无能为力，一筹莫展。

同行的竞争无疑是套在南方报人脖子上的绳索，而邮局方面越来越苛刻的条件，更是阻碍南方报人迈步的脚镣。1997年《南方日报》的发行费率为48.3%。1998年即涨至58.3%。邮局提高费率根本不与报社商量，独行其是，通知一下，就直接上涨费用。此外，邮局将《南方日报》每年约1.5至1.6亿元的订报费，留在自己的账户内使用，只是按月在月底扣除当月的发行费后，将所剩的一点钱返还报社而已。仅是订报费的利息，报社就损失千万元以上，而报社发展生产所需资金反而只能从银行贷入，为此每年又要支付大笔利息。

还有发行结构不合理的问题。报社希望广告源丰富的地区发行密度和发行绝对量要相对大些，而邮发的实际情况是，农业地区发行密度大，发行数量多，中心都市的发行量却令人深以为憾。其必然结果是，发行数量越大，广告越少，影响力越差，经济亏损越大。

为此，南方日报社的社长、总编、总经理曾多次找邮局诉苦、协商，言辞恳切地要求邮局"给我们一条生路"。报社提出4条要求：适当提高发行时效；适当控制发行费率；规定第三张起的加张费一律为0.0625元；按季度返还报费；城市部分的发行既然邮局无能为力，则应允许我们报社自发一部分。当时邮局的领导口头答应了这4点要求，但他们拖了一年，不但没付诸行动，反而在1997年底连招呼都不打，就把原先0.07元的加张费提至0.10元，而且是单方"坐扣"。

1998年，南方日报社委会在职工代表大会上正式宣布：排除一切困难，坚决实施自办发行的重大战略决策，从1999年元旦起自办发行。

对如何组建发行网络的问题，方案提出，在广州市的8个区4个附属市以及全省20个地级以上市成立32个一级站；在全省122个县成立二级站；在全省2 000多个乡镇和街道办事处成立三级站。各级站共招聘了近万人进入发行网络工作。在确保省城和珠三角中心都市的发行工作切实由报社自己的网络负责的同时，在全省远离广州的城市建立6个分印点，设立集团自己的卫星传版系统，以确保发行时效。这6个分印点的报纸承印、收订及投送，交给当地自办发行的地市报社。这些报社在当地都拥有健全的发行网络，双方合作各得其利；对报社可省去建设网络人力、物力的投入；对地市报则可大大提高其网络的使用率，成倍地增加经济效益，对于巩固网络十分有利；

对整个社会来说，又避免了该地区网络的重复建设，可以节约社会劳动资源。这样就能保证各分印点与南方日报印刷厂同时在早上 2 点 30 分前开印，《南方日报》在远距离的地方要隔天才能投递到户的问题迎刃而解。另外，个别地方交给县以下的邮局发行。很多县以下的邮局，不管省邮局关于"严禁全省邮电部门和人员参与《南方日报》发行工作"的禁令，纷纷合作。他们提出很优厚的条件，并保证改变作风，把工作做好，这样就解决了报社在边远山区网络建设较困难的问题。

对运报车队如何解决的问题，方案提出，与省煤炭公司下属的一个单位合作，委托他们承包把报纸运至各站的任务。报社按每份报纸（对开 16 版）5 分钱的价格给对方，要求对方投资购买全新的车辆，而且专车专用，不得兼作其他营运，以保证运报任务的完成。这样，对方租用我们的闲置空地建起运报司机生活楼和专用停车场，对司机实行严格管理。报社只是将占报费 8.3% 的经营机会给对方，不用投入一分钱就建起了车队，解决了自办发行最为头疼的长途运输问题，而把复杂的车辆管理、司机管理（包括工资、奖金、福利、保险、住房、医疗等）等问题全部免除。此外，报纸的分类、打包等，也包给原邮局的分发班，省去了许多不可预见的支出。

对怎样确保报款回收的问题，方案提出，要选定一家理想的银行进行合作。首先，报社选定省农业银行为合作伙伴，因为农行的基层网点多而全，最适合自办发行的存款操作。选定银行后，报社设立一个报纸发行的专用账户。该账户只能存进订报专款，但不具有取款功能，任何人都无法从该账户中取出哪怕是很小额的钱来。报社要求各地的报款当天进账，进账后银行网络会尽快将报款汇拢到省的总账来。这样，就可以防止基层站有人提款开溜的问题发生。其次，规定上门到机关单位收订报纸，必须由两人以上的小组进行，而且不收现金，要求划账付款；上门收订人员必须携带集团统一印刷的发行人员工作证、当地发行站开具的介绍信、统一的收订报纸专用发票，三证齐全才具有收订报纸的资格。

虽然一些市级报搞自办发行，投入就有两三千万元，但是利用在各地级市均已建立记者站、办事处，各县有新闻秘书、各乡镇有宣传委员等优势，再把建运输车队的费用省去，经过方方面面的整合，实际投入的资金也确实令人不敢相信：发行站按每发行1份《南方日报》借给2元钱的比例，向发行站共借出100多万元的启动资金；建立卫星传版系统投入约200万元；加上购买一些电脑设备，总共投入才400多万元。

将历年覆盖于南粤大地的80万份《南方日报》，层层分解指标。报社社委和中层干部搭配成组，按地区分工负责，立军令状。报社全体领导出动抓征订，与全省各级领导广泛接触，全线发动，结果是21个地级市有17个超额完成征订任务，全省总收订数达到85万份，比邮局发行时增加了几万份。

参考文献

[1] 张天定. 图书出版学 [M]. 开封：河南大学出版社，2010.

[2] 李凤琴. 版面风格与吸引力 [J]. 新闻知识，2000（8）：38.

[3] 小野泰博. 图书和图书馆史 [M]. 阚法箴，陈秉才，译. 北京：北京大学出版社，1988.

[4] 于友先. 现代出版产业发展论 [M]. 苏州：苏州大学出版社，2003.

[5] 约翰·费瑟. 传递知识——21世纪的出版业 [M]. 张志强，张瑶，穆晖，译. 苏州：苏州大学出版社，2007.

[6] 陈昕. 图书定价的经济学分析 [J]. 出版科学，2011，19（1）：14-21.

[7] 陈昕. 中国出版产业论稿 [M]. 上海：复旦大学出版社，2006.

[8] 冯亦代，郑之岱. 出版人的故事 [M]. 太原：书海出版社，1988.

[9] 巴彼耶. 哈贝马斯和媒体历史：何为出版者？[J]. 科学文化评论，2004，1（5）：51-71.

[10]M.H.哈里斯. 西方图书馆史 [M]. 吴晞，靳萍，译. 北京：书目文献出版社，1989.

[11] 小舟. 自办发行给报业经济的发展带来了什么——写在自办发行

15年之际[J]. 中国记者，2000（4）：42-43.

[12]施爱春. 拓展报业市场新空间——从南京报业竞争谈起[J]. 新闻战线，2000（2）：20-22.

[13]任琦. 瑞典报业及发展策略[J]. 中国记者，2001（8）：66-68.

[14]黄星. 解析新兴传媒的"烧钱现象"[J]. 传媒观察，2002（8）：25-26.

[15]周云倩. 对当前报业市场不良营销的描述和反思[J]. 中国报业，2005（5）：31-33.

[16]王晶. 图书馆学研究法[M]. 北京：金盾出版社，2018.

[17]曲生伟. 浅析数字出版物的几种形态[J]. 传播与版权，2017（9）：59-60+63.

[18]费夫贺，马尔坦. 印刷书的诞生[M]. 李鸿志，译. 桂林：广西师范大学出版社，2006.

[19]徐艳玲，牛凤燕. 表征、原因、效应：当下中国"文化热"之三维透视[J]. 马克思主义文化研究，2018（1）：66-82.

[20]吴娜. 融合发展成为新的增长引擎 图书出版精品意识增强[N]. 光明日报，2015-7-16.

[21]霍尔格·贝姆，加布里尔·哈特，郝尔曼·舒尔茨，等. 未来的出版家 出版社的管理与营销[M]. 北京：商务印书馆，1998.

[22]保罗·理查森. 英国出版业[M]. 袁方，译. 北京：世界图书出版公司，2006.

[23]韩丙祥. 技术视阈下报业全媒体发展研究[D]. 广州：暨南大学，

2010.

[24]肖东发.中国编辑出版史[M].沈阳：辽海出版社，2005.

[25]宋原放，李白坚，陈生铮.中外出版史[M].北京：北京师范大学出版社，1993.

[26]黄星.发行网络的本土化构筑战略[J].传媒观察，2002（9）：44-45.

[27]郑兴东，陈仁风，蔡雯.报纸编辑学教程[M].北京：中国人民大学出版社，2001.

[28]于文.出版商的诞生——不确定性与18世纪英国图书生产[M].上海：上海人民出版社，2014.

[29]魏玉山.关于中国现代出版业诞生的几个问题[J].出版发行研究，1999（5）：11-14.

[30]王余光.中国新图书出版业初探[M].武汉：武汉大学出版社，1998.

[31]彭建炎.出版学概论[M].长春：吉林大学出版社，1992.

[32]吴刚.报纸版面改革刍议[J].新闻研究导刊，2014（6）：143.